粘り強く
ともに学ぶ
子どもを育てる

教材と深く**対話**する「**教科する**」**授業**の理論と実践

石井英真／熊本大学教育学部附属小学校 著

明治図書

JN040196

はじめに

　熊本大学教育学部附属小学校は本年度，創立145周年を迎えます。明治７年（1874年）に熊本仮師範学校附属学校として創立され，その後，昭和26年（1951年）に附属小学校と改称し今日に至るまで，長い歴史と伝統を誇ります。当時から，教育研究・実習指導を両輪として，先導的研究や教師教育（人材育成）の在り方を教育現場に常に発信し続けてきております。この度，平成最後の研究発表会を迎えるに当たり，次の新しい時代に，現在に至るまで途切れることなく脈々と受け継がれてきたこのバトンを繋いでいく責任の重さやその大きな節目に居合わせためぐり合わせに，職員一同大きな使命とやりがいを感じているところです。

　さて，本校は，昨年度より２ヶ年，文部科学省より「教科等の本質的な学びを踏まえた主体的・対話的で深い学びの視点からの学習・指導方法の改善の推進」事業を委託され，「粘り強くともに学ぶ子どもの育成」という主題（１年次）のもと研究を進めてまいりました。私たちは，子どもたちが課題と正面から向き合い，それぞれの教科等の見方・考え方を駆使して，主体的に解決していくような学習の文脈をいかにしてつくり出していくかということについて焦点化し実践研究を行っているところです。その中で，少しずつではありますが，授業実践を通じて成果も見えてまいりました。昨年度の研究発表会では，「主体的・対話的で深い学び」に，子どもの姿で迫ることができたかを話題にしていただくことができました。

　また，昨年度は，新学習指導要領に位置付けられました「プログラミング学習」の授業も公開しました。今，求められている新たな領域の授業を実現していくことも本校の使命であると考えての公開でした。これまでの本校の歩みについて，忌憚のないご意見をいただき，さらなる研究の深化を目指していきたいと考えております。

　最後になりましたが，本書の第１章を京都大学大学院　教育学研究科　准教授　石井英真先生にご執筆いただくことができました。ご多用の中にお引き受けいただきましたことに，心よりお礼申し上げます。さらに，昨年度の研究発表会でも，石井先生に「今求められる学力と授業づくりの方向性～「深い学び」をどう捉えるか～」というテーマで，午前中に行いました公開授業も踏まえてのご講演をいただきました。研究発表会にご参会いただいた皆様の「深い学び」を生みだすことができました。今回の第１章「今求められる学力と授業づくりの方向性—深い学びをどう捉えるか—」は，昨年度のテーマにつながる，今求められるとても意義深い提案であると感じています。たくさんの先生方に本書が届きますことを願っております。

　2020年２月

熊本大学教育学部附属小学校　前校長　島田　秀昭

目次

第3章

3つの視点でつくる
粘り強くともに学ぶ子どもを育成する授業事例24

【視点2】豊かな対話を生みだし，深い学びに誘う教師の働きかけ

第 1 章

今求められる学力と授業づくりの方向性―深い学びをどう捉えるか―

1 「主体的・対話的で深い学び」をどう捉えるか

　新学習指導要領では，世界的に展開するコンピテンシー・ベースのカリキュラム改革を背景に，「資質・能力」の育成や「主体的・対話的で深い学び」としてのアクティブ・ラーニング（AL）が強調されている。しかし，資質・能力ベースや AL の強調については，教科内容の学び深めにつながらない，態度主義や活動主義に陥ることが危惧されてきた。こうした状況に陥らないために，内容を伴った思考力の形成や教科の学びとしての中身のある話し合いになっているかどうかを問うものとして，「深い学び」の必要性が提起された。

　AL のような学習者主体の授業の重視は，伝達されるべき絶対的真理としての知識ではなく，主体間の対話を通して構成・共有されるものとしての知識という，知識観・学習観の転換が背景にあるのであって，対象世界（教材）と向き合う認知的学びと無関係な主体的・協働的な学びを強調するものではない。学習活動は何らかの形で対象世界・他者・自己の三つの軸での対話を含んでいる。AL の三つの視点も，学習活動の三軸構造に対応するもの（対象世界との深い学び，他者との対話的な学び，自己を見つめる主体的な学び）として捉えることができる。

　このように，自己や他者と向かい合うだけでなく，対象世界と向き合うことも忘れてはならないというメッセージが，「主体的・対話的で深い学び」という順序に表れている。ところが，よくよく考えてみると，グループで頭を突き合わせて対話しているような，主体的・協働的な学びが成立しているとき，子どもたちの視線の先にあるのは，教師でも他のクラスメートでもなく，学ぶ対象である教材ではないだろうか。AL をめぐっては，学習者中心か教師中心か，教師が教えるか教えることを控えて学習者に任せるかといった二項対立図式で議論されがちである。しかし，授業という営みは，教師と子ども，子どもと子どもの一般的なコミュニケーションではなく，教材を介した教師と子どもたちとのコミュニケーションである点に特徴がある。この授業におけるコミュニケーションの本質をふまえるなら，子どもたちがまなざしを共有しつつ教材と深く対話し，教科の世界に没入していく学び（その瞬間自ずと教師は子どもたちの視野や意識から消えたような状況になっている）が実現できているかを第一に吟味すべきだろう。教科学習としてのクオリティを追求することと AL は対立的に捉えられがちであるが，教科本来の魅力の追求の先に結果としてアクティブになるのである。

2 教科の本質を追求する授業とは

　教科学習としてのクオリティを追求するというと，この内容を押さえているか，このレベルまで到達させているかといった具合に，内容面からの議論に視野が限定されがちである。しかし，資質・能力ベースのカリキュラム改革においては，目の前の子どもたちが学校外での生活

や未来社会をよりよく生きていくこととのつながりという観点から，既存の各教科の内容や活動のあり方を見直していくことが，いわば，「真正の学習（authentic learning）」（学校外や将来の生活で遭遇する本物の，あるいは本物のエッセンスを保持した活動）の保障が求められている。個別の知識・技能を習得している「知っている・できる」レベルの学力（例：穴埋め問題で「母集団」「標本平均」等の用語を答える）や，概念の意味を理解している「わかる」レベルの学力（例：「ある食品会社で製造したお菓子の品質」等の調査場面が示され，全数調査と標本調査のどちらが適当かを判断し，その理由を答える）のみならず，実生活・実社会の文脈において知識・技能を総合的に活用できる「使える」レベルの学力（例：広島市の軽自動車台数を推定する調査計画を立てる）の育成が求められているのである。

　学校教育の強みは「回り道」（知識を系統的に学ぶことなどにより，日常生活を送るだけでは生じない認識の飛躍を実現する）にあるが，生活（生きること）への「もどり」がないために，学校の中でしか通用しない学びになってしまってはいないか。学ぶ意義も感じられず，教科の本質的な楽しさにも触れられないまま，多くの子どもが，教科やその背後にある世界や文化への興味を失い，学校学習に背を向けていっている。社会科嫌いが社会嫌いを，国語科嫌いがことば嫌い，本嫌いを生み出している。「真正の学習」の追求は，目の前の子どもたちの有意義な学びへの要求に応えるものである。

　ただし，有意義な学びの重視は，教科における実用や応用の重視とイコールではない。教科の知識・技能が日常生活で活きることを実感することのみならず，知的な発見や創造の面白さにふれることも，知が生み出される現場の人間臭い活動のリアルを経験するものであるならば，それは学び手の視野や世界観（生き方の幅）を広げゆさぶり豊かにするような「真正の学習」となるだろう。よって，教科における「真正の学習」の追求は，「教科の内容を学ぶ（learn about a subject）」授業と対比されるところの，「教科する（do a subject）」授業（知識・技能が実生活で生かされている場面や，その領域の専門家が知を探究する過程を追体験し，「教科の本質」をともに「深め合う」授業）を創造することと理解すべきだろう。そして，「教科する」授業は，教科の本質的かつ一番おいしい部分を子どもたちに保障していくことをめざした，教科学習本来の魅力や可能性，特にこれまでの教科学習であまり光の当てられてこなかったそれ（教科内容の眼鏡としての意味，教科の本質的なプロセスの面白さ）の追求でもある。

　教科学習の本来的意味は，それを学ぶことで身の回りの世界の見え方やそれに対する関わり方が変わることにある。「蒸発」という概念を学ぶことで，水たまりが次の日にはなくなっているという現象のメカニズムが見えてくるし，蒸発しやすくするため衣類を温めてから干すなどの工夫をするようになるといった具合である。それは，教科内容の眼鏡としての意味を顕在化することを意味する。

　また，教科の魅力は内容だけではなく，むしろそれ以上にプロセスにもある。たとえば，歴史科の教師のほとんどは，子どもたちが，一つ一つの歴史的出来事よりも，それらの関係や

歴史の流れを理解することが大事だと考えているだろう。しかし，多くの授業において，子どもたちは，板書されたキーワードをノートに写しても，教師が重要かつ面白いと思って説明しているキーワード間のつながりに注意を向けているとは限らない。まして，自分たちで出来事と出来事の間のつながりやストーリーを仮説的に考えたり検証したり，自分たちなりの歴史認識を構築したりしていくような「歴史する（do history）」機会は保障されることがない。

　教材研究の結果明らかになった知見でなく，教材研究のプロセスを子どもたちと共有することで，多くの授業で教師が奪ってしまっている各教科の一番本質的かつ魅力的なプロセスを，子どもたちにゆだねていく。たとえば，教師の間で物語文の解釈をめぐって議論が起きたなら，テクストの該当部分についてその論点を子どもたちとも議論してみる。教科書への掲載にあたって改作された作品について，原文との表現の違いを検討したなら，子どもたちにも比較検討をさせてみるといった具合である。教科のうまみを味わえるここ一番のタイミングでポイントを絞ってグループ学習などを導入していくことで，AL は，ただアクティブであることを超えて「教科する」授業となっていく。

3　「教科する」授業を創る

　「教科する」授業では，学力の三層構造を念頭に置きながら，思考する必然性を伴った「真正の学習」を軸としたカリキュラムを設計し，知識，スキル，態度等の育ちを統一的に実現することをめざしている。また，末広がりの単元づくりと最適解創出型（知識構築型）の授業づくりを実践改善の視点として提起しており，それらは本質的には，「もどり」の発想と「忖度する関係」の問い直しを志向している。

　たとえば，岐阜県海津市の輪中を取り上げて，「治水」概念を学んだ後，自分たちが住む広島市にも当てはまらないかを，過去と現在の航空写真などを素材にしながら考える小学校の社会科の授業。教師が教材研究で得た結論に向けて発言をつないでいき，放水路を治水事業の一例だと確認する展開だと，忖度する関係は問い直されず，「治水」概念の身近な生活への適用（転移）で終わる。これに対し，「もどり」を意識するなら，治水により長らく水害が起きなかったのに，なぜ近年，広島市は災害に見舞われているのかという，子どもたちの足元の問題にまでつなげ，そこで社会科で学んだことを総動員したり，航空写真から読み取れることを考えたり，新たに情報や知識を収集したりしながら，教師もともに問いと向き合い，探究することで，教師や正答を忖度する関係性も再構成されていくだろう。

　「本物の活動」のプロセスを「味わう」経験を保障する（体験目標）。その中で，結果として，活動の骨組みとなる「資質・能力」の要素が「育成」される（到達目標）とともに，既知の中に未知が見出され，問いが生まれ，「自己」と自己をとりまく世界との「つながり」の「編み直し」が促されることで（方向目標），生活が知的なものへと再構成される。たとえば，香川

大学教育学部附属高松中学校の一田幸子教諭による中学３年生の国語科の授業。「空」をテーマにそれぞれが自由に俳句を詠み自らの句についての鑑賞文を書いた上で，グループに分かれて句会を開く。メンバーの句について互いに鑑賞文を書き，作者のそれとも比較しながら，一番表現の広がりが感じられる作品を選ぶ。クラスメートそれぞれの感性に触れ，作者の思いと違う解釈が生まれそれに作者自身が感じ入る，そういった俳句の楽しみ方を味わう。その中で，自ずと季語の使い方や表現技法の工夫についても生きて働く形で習熟していき，助詞の使い方一つでもイメージされる情景が変わることの気づきや言葉を丁寧に選ぶ経験は，生徒一人一人の言語生活を豊かにしていく。

　「治水」に関する社会科の授業（概念（内容知）の深化に関わる）が示すように，わかっているつもりは，現実世界の複雑さから，また，俳句に関する国語科の授業（実践（方法知）の洗練に関わる）が示すように，できているつもりは，その文化や領域の追究の厚みからゆさぶられることで，教科の知と学びは血が通ったものになっていくのである。

4 「見方・考え方」をどう捉えるか
　—高次であることと学びの深さ，重さの同時追求へ

　「教科する」授業という視点から，「見方・考え方」概念の捉え方と生かし方について述べてみよう。「見方・考え方」とは，各教科に固有の現実（問題）把握の枠組み（眼鏡となる原理：見方）と対象世界（自然や社会やテキストなど）との対話の様式（学び方や問題解決の方法論：考え方）と捉えられる。そして，新学習指導要領において，「見方・考え方」は，質の高い学びの過程を生み出す手段でありかつその結果でもあるとされている。

　「見方・考え方」は，学びのプロセスが本質を外していないかどうかを判断する手がかりと考えることができ，その意味で質の高い学びの過程を生み出す手段なのである。各教科等の「見方・考え方」は，レリバンスを意識した教科教育研究の知見もふまえてカテゴリー化されており，また，真正の学習活動の中で知識や能力や態度を統合的に実現するという視点をふまえれば，それは，どの活動を子どもに委ねるかを判断するポイントとして，そのプロセスが自ずと生起する必然性のある課題を設計する留意点として捉えることが肝要だろう。

　さらに，「見方・考え方」が質の高い学びの過程の結果であるという点をふまえれば，知識や概念が「見方」として学ばれ，スキルや態度がその人のものの「考え方」や思考の習慣となるような，生き方にまで響く教科の学びが追求されねばならないという，真の意味での学びの深さへの問いが浮かび上がってくる。いわば，「見方・考え方であるもの」ではなく，「見方・考え方になるもの」として捉えるわけである。「見方・考え方」として示されたプロセスを盛り込んで学習活動を設計することで，「使える」レベルの思考を含む，認知的に高次で複合的な学びをデザインすることはできるかもしれない。しかし，認知的に「高次」であることは，

「深い」学びであること，さらには，生き方に響くような切実性をもった「重い」学びであることを意味するわけでない。

　たとえば，地元の強みを生かした新しい町おこしのアイデアを考えるような，社会参画を含んだ，一見真正で総合的な課題にただ取り組むだけでは，他人事の問題解決になりがちである。そこでは，高次の複合的な思考過程は試されるかもしれないが，それが必ずしも子どもたちにとって真に自分事であり，世の中を見る目や生き方を肥やしていく学びになるとは限らない。自分たちの提示したアイデアに当事者目線のリアリティや説得力があるのかを吟味する中で，本音の部分で将来自分は地域とどのように関わるのかといった問いに直面し，現実の物事に対して無知や無関心であったことが自覚され，自らの立ち位置が問い直されていくといった具合に，足下の具体的な現実世界（生活）と抽象的な学問世界（科学）との間のダイナミックな往復の中で，思考の深化が切実な関心事の広がりや自らの生活世界へのゆさぶりにつながることで，「使える」レベルの学習は，高次さと深さを統一し，言葉や認識に重さが伴うような「真正の学習」になっていくのである。

　新学習指導要領で示された各教科等の「見方・考え方」については，「見方・考え方であるもの」として，「比較・関連づけ・総合する」といった一般的な学び方のように捉えてしまうと，スキル訓練に陥りかねないし，上から与えられた正解（遵守すべき型）のように捉えられがちである。それを一つの手がかりとして，「教科する」授業というヴィジョンを見据えながら，それぞれの学校や教師がその教科を学ぶ意味や本質的な視点や方法について議論し，学びのプロセスに本質を見出す目を磨いていくことが重要である。子どもたちに身につけさせたり経験させたりするもの以前に，教材研究の視点として「見方・考え方」を生かしていく，それによって，教師たちは，教科の本質の追求やカリキュラム開発において主人公となりうるのである。

5　教材と深く対話するとはどういうことか

　以上のように，資質・能力を育む主体的・対話的で深い学びとは，教科としての本質的な学びの追求に加えて，取ってつけたように，資質・能力や見方・考え方を実体化した汎用的スキルの指導や，込み入ったグループ学習やICTを使った学習支援ツールなどの手法を組み込んで，目新しい学びを演出することではない。子どもたちが教材と出会いその世界に没入し，彼ら個人や彼らを取り巻く生活を豊かにするような，それゆえに，問いと答えの間が長く，見方・考え方などに示された活動やプロセスが自ずと生起するような学びを，また，教材と深く対話することで，それぞれの教科の本来的な魅力や本質（ホンモノ）を経験する学びを追求していくことが肝要なのである。

　教材との深い対話を実現する上で，そもそも子どもたちが教材と向かい合えているかを問う

てみる必要がある。子どもたちが活発に話し合っているように見えても，教師が教材研究で解釈した結果（教師の想定する考えや正解）を子どもに探らせることになってはいないだろうか。形の上で子どもたちに委ねているように見えて，教師が手綱をしっかりと握っているわけである（正答主義で結ばれた教師―子ども関係）。

　しかし，深い学びが成立するとき，子どもたちは常に教師ではなく対象世界の方を向いて対話しているはずである。国語の読解で言えば，子どもがまず自分でテクストを読み，ある解釈を持つ。そして，集団での練り上げで，他者の解釈を聞く。そうして学んだ解釈をふまえて，もう一度テクストに戻って読み直してみると，最初に読んだ時とは見え方が変わるだろう。しかも，テクストと直に対話することで，ただ他者から学んだ見方をなぞるだけでなく，多かれ少なかれ，その子なりの新しい発見や解釈が生まれうるのである。これが，子どもが対象世界と対話するということであり，学びが深まる（わかったつもりでいた物事が違って見えてくる）ということである。子どもたちが，個々人で，あるいは，仲間とともに，教材とまっすぐ向かい合えているかを常に問うこと，テクストの解釈に解釈を重ねたり，教師の想定する読みに収束させるべく議論を急いだりしていないかを問い，解釈の根拠となるテクストに絶えず立ち戻ることが重要である。

　教材に正対しそれに没入できているか，そして，見方・考え方に例示されているような，教科として本質的なプロセスを経験できるような教材への向かい方ができているかを吟味した上で，その経験の質や密度を高めるべく，新たな着想を得ることで視野が開けたり，異なる意見を統合して思考や活動がせりあがったりしていくための指導の手立て（枠組みの再構成やゆさぶり）が考えられる必要がある。学びが深まる経験は，グループでの創発的なコミュニケーションの中で，さまざまな意見が縦横につながり，小さな発見や視点転換が多く生まれることでもたらされる場合もある。また，クラス全体でもう一段深めていくような対話を組織することを通じて，なぜなのか，本当にそれでいいのだろうかと，理由を問うたり前提を問い直したりして，一つの物事を掘り下げることでもたらされる場合もある。グループでの子ども同士の学び合いのあと，各グループからの話し合いの報告会や交流で終わるのではなく，子どもたちが気づいていない複数のグループの意見のつながりを示したり，子どもたちが見落としているポイントや論点を提示したりして，子どもたちをゆさぶる投げかけ（「まだまだ甘い」とつっこみ教育的に挑発する）をすることを日々意識するとよいだろう。教師が子どもに教え込む（タテ関係）だけでも，子ども同士で学び合う（ヨコ関係）だけでもなく，教材をめぐって教師と子どもがともに真理を追求し，子どもたちが先行研究者としての教師に挑み，教師も一人の学び手として子どもたちと競る関係（ナナメの関係）を構築していくことが重要である。

　さらに，思考の密度（中身の詰まり具合）については，子どもたちが，ただ想像し推理するのではなく，十分な質と量の知識を伴って，すなわち，確かな思考の材料と根拠をもって推論することを保障するのが重要である。教科書でわかりやすく教える授業を超えて，教科書をも

資料の一つとしながら学ぶ構造を構築した上で，複数の資料を机に広げながら，思考の材料を子ども自身が資料やネットなどから引き出しつなげていくこと（知識の吸い上げ）を促すことで，学習者主体で学びの質を追求しつつ，知識の量や広がりも担保できるだろう。たとえば，世界史の授業で，モンゴル帝国の世界史的影響をグループで議論する際，教科書，資料集，授業プリントや参考文献，果ては歴史漫画なども持ち出して机の上に広げ，ページをめくり，バラバラに教科書に載っている，モンゴル帝国と同時代の西洋，東洋それぞれの歴史の出来事や特徴を見直しつなげて考えていくという具合に。

　最後に改めて，学びの深さ以前に，教材自体の深さを吟味する必要性を指摘しておきたい。「深い学び」というとき，浅く貧弱な教材に対して，思考ツールや込み入ったグループ学習の手法を用いることで，無理やりプロセスを複雑にし考えさせる授業になっていないだろうか。読み手を試す読み応えのある連続型テキストと格闘させず，非連続型テキストからの情報選択・編集作業に終始していないだろうか。教材それ自体の文化的価値が高く，内容に深みがあればこそ，その真価をつかむためにはともに知恵を出し合わざるを得ず，協働的な学びや深い学びが要求されるのである。

6　熊本大学教育学部附属小学校の実践の可能性

　熊本大学教育学部附属小学校の実践は，教材と子どもたちとの厳しく粘り強い対話を追求し，教師も教材と子どもと真摯に向かい合うことを大事にしており，特に，教科の本質に迫る魅力的で挑戦的な教材の提案という点と，授業における「学び深め」という点で，「教科する」授業のエッセンスを具現化するものである。それは，日本の教師たちが大事にしてきた，クラスみんなで教材と格闘し，ゆさぶりを伴って思考を深めていく練り上げ型授業を，どう批判的，発展的に継承していけばよいのかを示してくれている。

　たとえば，中尾聡志先生による3年生の国語科の授業，子どもたちは「3年3組を『もうすぐ雨に』ハウスにしよう」という言語活動に取り組む。この言語活動は，教室に設置された9枚の移動ボードに，上段に「ぼくの気持ち」を吹き出しにして書き，下段に「その気持ちをどの叙述とどの叙述を関連付けて，どのように読んだのか」を書くことで，9つの場面で描かれた「もうすぐ雨に」の物語の世界を，教室に再現するものである。「『家に帰って，トラノスケをごしごしふいてやった。』時のぼくの表情はどんな表情なのだろう？」という問いに対して，「ぼくの目をじっと見た。チリンという音は鳴らなかったし，トラノスケも口をきかなかった。」という叙述を関連付けて，「トラノスケが，ぼくの目をじっと見たけど，口をきかなかったので，不思議な表情とほほえんでいる表情が混じった表情だ。」と読んだといった具合に，子どもたちそれぞれが自分の問いを立てて読み取り，「ぼくの気持ち」をボードに書きこんでいく。そうして一人一人の読みの詰まった「『もうすぐ雨に』ハウス」を鑑賞していったとき，

ある子どもが「あれ？　このカードだけ『ぼくの性格』について書かれてあるよ。」とつぶやいた。それを受け止めて教師は、「ぼくがトラノスケの言いたいことがわかったのは、『ぼくの優しさ』があったからなのか」という新たな問いを立ち上げていった。子どもたちは、物語の中で描かれたぼくの優しさについて読み直していき、トラノスケの言葉が「わかる」から「わからない」になったことと、ぼくの優しさとのつながりを読み深めていった。そのような学びの結果、「最初と最後を比べる」「最初と最後をつなげて読む」という読み方の意味を実感的に理解していった。

　毎床栄一郎先生による１年生の図工科の授業。子どもたちは、色水を並べたり重ねたりする造形遊びに取り組む。青・赤・黄の３色の色水をもとに、思いつくままに色水をつくり、「□と△を混ぜて〇色をつくろう」とさまざまに試し、「蜂蜜の色だ」という具合に微細な色の違いにさまざまな名づけを行う。そして、色水は蓋つきのカップに入れることで並べたり積んだりできるようになっており、緑色の微細な濃さの違いに応じて積み上げたり、大きなお城をつくったりと、さまざまなものに見立てながら造形を楽しむ。子どもたちがもっと作りたいといえば、カップの数を増やし、色の濃さを微調整したいといえば、水を入れた水槽とスポイトを準備したりもして、子どもの「やってみたい」「面白そう」を実現する環境づくりが大事にされている。授業は、教室を飛び出して野外でなされ、太陽の光できれいに透き通る色水と造形物を横から上からとさまざまな角度から眺め鑑賞する。アクリル板のテーブルを準備することで、その上に置かれた造形物を下から楽しそうに見上げる姿も生まれた。まず思いつくままに造形し、その中で生まれた特徴的なものを紹介しつつ、色や形や積み上げ方などの工夫を共有した上で、自由に互いの作品を鑑賞し合い、再度造形に向かうなど、活動や工夫の幅を広げる支援もなされる。だが、それ以上に、一人でもグループでも自由に、ある子たちは色づくりに懲り、ある子たちはたくさん積み上げることにこだわるなど、同じ場を共有しながらも、それぞれの子どものやりたいことが大事にされている。題材の魅力と環境構成の妙、そして、表現者としての子どもの思いを聴きとる関わりを通して、子どもたちは活動に個性的に没入しながら、その後の図工の学習の基盤となる、三原色から色を創り出せる体験、黄土色や黄緑色といった言葉で整理される前に原初的な色彩感覚を豊かにする経験は共通に自ずと保障されている。

　子どもたちが対象世界に向かい合う上で、子どもたちの思考を触発する教材や発問、そして、子どもたちのわかったつもりに切り込むゆさぶりは重要である。ただし、そうした教師の技の光る練り上げ型授業は、時に、教師に導かれつつ、みんなで、より高いところへという点を強調しすぎるあまり、子どもたちが「授業を演じる」ようなことになってしまったり、個々人の多様な思いやニーズへの敏感さを欠いて、教室が生きづらくなってしまったりすることには注意が必要である。この点について、先の国語の実践では、子ども一人一人のこだわりを許容し、そこから生まれる問いを拾い、その問いに教師自身も寄り添うことで、ゆるやかに子どもたちの読みをゆさぶり、テクストの読み直しへといざなっている。また、図工の実践では、色水を

使った造形物づくりという活動に対する，さまざまな楽しみ方が許容されているとともに，作り手としての子どもたちの思いを無理に価値づけるでもなくただ聴きとるという関わりにより，子どもたちの表現者としての思いが意識化され励まされ，活動への没入へといざなっている。

　さらに，教科の本質を追求することも，各教科の枠に閉じた形でその中での卓越性を追求するだけでは，生き方に響くような人間教育につながる教科の学びとはならない。人間的成長という観点から，目の前の子どもたちの課題を捉え，めざす子ども像を明確化するとともに，教科学習を含めた，学校生活全体でそうした「ねがい」を追求していくことが重要である。「粘り強さ」は，①勉強への粘り強さ（努力と忍耐）とも捉えられるし，②教科への粘り強さ（容易に納得せず問いを追究する批判的な思考態度）とも捉えられるし，③人生への粘り強さ（責任を引き受け，レジリエントに学び続ける力）とも捉えられる。②などは，教科の目標（ねらい）である「主体的に学習に取り組む態度」として捉えられ，指導を通じて育て評価の対象となりうるが，「ねがい」として意識すべきは③であろう。そして，「ねがい」は，教科の学力評価の対象ではなく，ヴィジョンとして絶えず追究し，その意味内容を実践と子どもの事実において確かめ続けていくものである。同校の子ども像には，「粘り強さ」に「ともに学ぶ」という要素が加わっているのは，強靭な個人への志向性に対して，弱さへの共感や他者との協働という側面も意識する意味がある。先述の，教師の寄り添う関わりや，個々人のこだわりや自由な対象との関わりが許容されているやわらかさは，こうした側面を具現化するものであろう。

7　新学習指導要領のさらに先へ

　資質・能力ベースのカリキュラム改革の根っこには，社会変動の中での学校と社会との間の境界線の引き直し，すなわち，学校の機能と役割の問い直しの要請がある。現代社会の人間に対する能力（有能性）要求は高まり続け，加えて，家庭や地域共同体や働く場などが保持してきた人間形成機能も縮小していく中で，社会からのむき出しの要求が学校に寄せられるようになり，教育という営みへの期待，および生産性や効率性への圧力は高まり続けている。一方で，教育という営みの特殊性，および，その主な担い手である学校や教師の特権性はゆらいでおり，それは学校という場を，保護者や地域住民や専門家や社会人などのさまざまな人たちの参加に開かれた公共空間として構想していく可能性（市民社会との協働による「大きな学校」）があるとともに，「民間」の手法や考え方を問い入れて合理化・スマート化したり，学校以外の教育産業の提供する民間サービスにゆだねてスリム化したりしながら，学校や教育を産業の一部として商品化・市場化していくこと（市場に開放された「小さな学校」）も危惧される。

　新学習指導要領にも，この二つの矛盾・対立するベクトルを見出すことができる。資質・能力ベースの改革は，全人教育志向，教科における対話的・協働的な学びの重視，教科外活動の再評価など，「共同体としての学校」という日本の学校と教育実践の特性をポジティブに生か

す方向性も内包している。他方でそれは，企業社会の求める人材訓練の場として教育を効率化する志向性も内包している。特に，アクティブ・ラーニングなど，ビジネス書風の軽いタッチのキーワードが実践に入り込むことで，「練り上げ」「ゆさぶり」「学級づくり」など，日本の教師たちが自分たちの実践をもとに，肌感覚にフィットした言葉として積み上げてきた現場発の言葉や知恵がやせ細り，それとともに，日本の教育実践の分厚い蓄積が忘却され，取り組みやすい授業パッケージや学習プログラムに置き換えられてしまうことが危惧される。

　新学習指導要領がまだ実施されるに至ってはいない段階で，すでに次の学習指導要領改訂に向けた議論が始まっており，「大きな学校」と「小さな学校」をめぐる争点が顕在化しつつある。特に，最近，経済界由来の教育言説でしばしば用いられる「個別最適化」という発想は，共同体的な日本の学校の画一性・硬直性・抑圧性や生きづらさを問い直し，子どもたちの多様性や個性に応じたゆるやかでより自由な学びの場への可能性に開かれている。しかし一方で，ICT の発展に夢を託しつつ，いつでも，どこでも，だれとでも，自分のペースで好きなだけ学べるという，個々のニーズを満たす方向で学習の個別化として展開するなら，それは学年学級制，さらには学級や学校の共同体的側面を解体し，「未来の教室」という名の，タブレットの中の「AI 先生」による学習の機械化につながりかねない。

　AI により，個別の知識・技能は訓練できるかもしれない。通信制高校等が提供するような，ネットでつながりたまにオフ会的に直接会うような軽くて自由な学びは，学んだ感やつながり感や満足感は与えてくれるだろう。しかし，一過性でないつながりを持ち，ある程度の期間，場を共有する中で，さまざまな意見の違いを調整し，責任を引き受けふんばり，何か意味ある活動をやり遂げるような，ある程度の重さを伴った関係性や経験を通してこそ，人間の根っことなる知と力は育っていく。そして，学校の教師たちこそ，多かれ少なかれ，子どもたちのそうした人間としての成長を実際に目のあたりにし，そこに手ごたえとやりがいを感じ，そうした成長に責任を持つ仕事をしてきたのではないか。「働き方改革」は重要だが，人間を育てる専門職としての教師の仕事の強みや矜持まで手放さないよう，学校や自分たちは目の前の子どもたちのために何をなすべきか，何を捨ててはいけないかを議論していくことが必要だろう。

（京都大学大学院　教育学研究科　准教授　石井英真）

【参考文献】
石井英真『今求められる学力と学びとは』日本標準，2015年。
石井英真『中教審「答申」を読み解く』日本標準，2017年。
石井英真編『授業改善8つのアクション』東洋館出版社，2018年。
石井英真『授業づくりの深め方』ミネルヴァ書房，2020年。

第2章

粘り強くともに学ぶ子どもを育成する授業づくり

1 今，なぜ「粘り強くともに学ぶ」力が必要なのか

① 「令和」の時代を生き抜くことのできる子どもの姿

　2019年5月1日から元号が「平成」から「令和」へと変わった。文字通り「新しい時代」が幕を開けたのである。この本を手に取られた先生方は，そのような「新しい時代」を生き抜くことのできる子どもの姿を，どのように捉えていらっしゃるのであろうか。ここでは，2人の子どもの姿を想定して，考えてみる。

　私の目の前に2人の子どもがいたとする。1人の子どもは，たくさんの知識を身に付けさせてもらってきた。学校の先生や自分の周りにいる大人の人たちは，たくさんの知識を与えてくれる。準備された本などは順番にどんどん読み，次に何をすべきか示してもらった勉強を素直にやってきたので，たくさんのことを知っている。どうすればいいのかも，大人たちが丁寧にそのコツを教えてくれるので，正しくできる。そのような知識と技能を豊富にもっているからこそ，この子は自信にあふれており，堂々と生きる子どもの姿となっていた。

　もう1人の子どもは，粘り強さをもっていた。この子は身の周りの事象に好奇心旺盛で，いろいろなものに「なぜなんだろう？」と問いをもち，粘り強く思考することができた。たとえ，目の前に現れた問題が，自分の知識では解決できない問題であっても，解決するために必要な知識を粘り強く学び取ろうとすることができる。だからこそ，学び取った知識を使って，納得できる答えが生みだせるまで，粘り強く考え抜くことができるのである。つまり，2人目の子は，見いだした問題に対して，自分なりの考えを粘り強く考え抜く力を身に付けてきたのだ。

　さあ，このような2人の子どもが目の前にいたとしたら，どちらの子どもが新しい時代を生き抜くことができると言えるのだろうか。

　新しい時代には予測困難な状況が生まれる。答えなき時代がやってくるのである。当然，豊富な知識をもち，堂々と生きる子どもの目の前にも，その子も知らないような未知なる問題が迫ってくるだろう。人口増加，自然破壊と工業発展のバランス等，私たち大人でも経験のない問題を解決しなければならない状況に，直面していくことになるのだ。そのような時，子どもがどのように対応し，どのように生き抜いていこうとできるかが重要になると考える。

　豊富な知識をもっていても，もしかしたら，目の前の問題に対応できないかもしれない。正しい判断をしようにも，自分の知らない問題であるために，解決の糸口が分からないからだ。つまり，知っていることに対応できる力は身に付いていても，知らないことに対応できる力は身に付けられてこなかったのである。そのような，ただ知識を豊富にもっているだけの子どもでは，新しい時代を生き抜くことはできないと思われないだろうか。そう，これからの時代を生き抜くことできる子どもの姿とは，豊富な知識をただもっているだけの姿ではないのだ。

新しい時代を生き抜くことのできる子どもとは，自分の未知なる問題に直面しても，その問題を打破できるように，新たな知識や技能を学び取ろうとする。そして，自分の学びを通して習得した力を活用して，思考し判断し表現しながら問題を解決していくのだ。きっと，そのような力のある子どもには，「粘り強さ」があるはずである。未知なる問題に対面しても，何度も粘り強く問題解決しようとし続けることができる。自分の成功体験に支えられて，知識・技能を活用していくことに，高い意欲をもっているのだから。このような力を身に付けた子どもこそ，これからの新しい時代を生き抜くことのできる子どもの姿だと私たちは考えている。

❷ 「粘り強さ」の価値には，人間にしかできない「人間としての強み」がある

　本校が研究主題に設定した「粘り強さ」は，今とてもホットなワードになっている。最も新しい資料としては，令和元年6月に出された国立教育政策研究所の「学習評価の在り方ハンドブック」の中の「主体的に学習に取り組む態度の評価イメージ」に繰り返し出てくる。ハンドブックでは，主体的に学習に取り組む態度は以下に示す2つの側面から評価することが求められている。抜粋して取り上げると，次のようになる。

> ①知識及び技能を獲得したり，思考力，判断力，表現力等を身に付けたりすることに向けた粘り強い取組を行おうとする側面
> ②粘り強い取組を行う中で，自らの学習を調整しようとする側面

　学習評価のワーキンググループの報告の中にも同じような記述があったが，指導と評価の一体化の視点から考えると，「評価すべき対象」はそのまま「身に付けさせたい力」になる。なぜ，今この「粘り強さ」にフォーカスが当たっているのだろうか。

　文部科学省から出された「Society5.0に向けた人材育成～社会が変わる，学びが変わる～」の中で，これからの日本にはSociety5.0の社会がやってくると言われている。「これまで人間でなければ担えないと考えられてきた分野に新しい技術が発明され，我々の社会や生き方そのものを大きく変える」と言われている。近い将来「AIやロボットによって多くの仕事が代替され，人間の負担が軽減されていく」ことが予想される。

　このような文章を読んでいると，どんな便利な社会がやってくるのだろうという大きな期待と，その反面，人間の仕事は人工知能（AI）に奪い取られ，今学校で教えていることは時代が変化したら通用しなくなるのではないかという不安が生まれてくる。しかし，実際のところそんなことはない。膨大なデータをもとに，必要な情報を瞬間的に調べあげ，人間にはまねできない速さで情報を分析し，解答を導き出す人工知能（AI）にはできず人間にしかできないこと，いや「人間としての強み」と言える力があると考える。その最たるものとして，私たちは「粘り強さ」があると考えている。

　人工知能（AI）が答えを出せるものは，人間が打ち込んだデータをもとに分析できる答え

のみである。既有のデータがなく，曖昧な環境の下では，AI は答えが出せないのだ。これから子どもたちが生き抜く社会は，予測困難な社会であり，答えなき時代。たとえ，人工知能（AI）が答えを出せないとした問題であっても，「粘り強く」今ある情報の「意味」を見つめ直し，思考しながら「対話」し合い，曖昧でデータがない状況においても，他者と協働して，よりよい「納得解」や「最適解」をあきらめずに見いださなければならないのだ。この点にこそ，これからの社会を生き抜く子どもたちに「粘り強さ」を身に付ける価値があると考える。

❸ 「粘り強さ」を身に付けるのは，どの教科のどの領域・分野なのか？

　ここまで「粘り強さ」の価値について説明させていただいた。では，この「粘り強さ」を身に付けるのはいつ，どの単元・題材なのだろうか。3年生体育の「跳び箱運動」なのか。それとも2年生算数の「かけ算」なのか。いや，5年生国語の「作文単元」なのだろうか。残念ながら「粘り強さ」が指導事項に明記された教科等はない。つまり，ここまで述べてきた「粘り強さ」は，単純に教科の指導目標を達成しているだけでは，身に付いていかない力なのである。だからこそ，本校では全ての教科で「粘り強さ」を身に付けた子どもの姿を目指して，全ての教科等において「粘り強さ」を育成している。

　この「粘り強さ」は，OECD で言うところの，目標を達成する力や他者と協働する力，情動を制御する力などに当たる「社会情動的スキル」に当たるものである。日本でも，やる気や最後までやり抜く気概，協調性などに当たる「非認知能力」が「粘り強さ」に当たると言えるだろう。つまり，本校の目指す「粘り強さ」を育むことは，世の中でも広く求められた資質・能力を育む教育であると主張することができると考えている。

　さらに考えるべきは，「粘り強さ」はいつ身に付くのかということである。こう問われたならば，私たちは「粘り強くともに学ぶ」中でこそ身に付いていくとお答えする。子ども自らが解決したいと思うような事象に出合わせたり，友達との協働が必然的に生じるような活動や場を作ったりすることが必要なのだ。このような学習環境の中に子どもを置いた時，子どもたちは学ぶ価値を見いだしたり，学んだことがこれからの自分の生活に役立つということが見えたりしてくるのだ。このような粘り強く学ぶことのできる「文脈」を子どもの中に生みだすことができれば，子どもは自ら「粘り強く」学ぶことに向かっていくだろう。このような学びを全ての教科等で実現できた時に，子どもたちに「粘り強さ」を身に付けることができると考える。

2　研究主題の「粘り強さ」と今求められる学びの姿

❶ 「粘り強さ」と「主体的・対話的で深い学び」

　文科省の資料を見ても，書店の本棚を眺めても，たくさんの本の背表紙に「主体的・対話的

で深い学び」という言葉が並んでいる。この文言は，ここ数年ずっと取り上げられてきた。それは，この「主体的・対話的で深い学び」を実現することが，子どもたちに新たな時代を生き抜く力を身に付けることになるからである。本校研究主題の「粘り強さ」と「主体的・対話的で深い学び」にはどのような関係があるのだろうか。それぞれの学びの姿を振り返りながら，その関係について述べさせていただく。

　まず，「主体的な学び」についてですが，この学びの姿は単なる意欲的な学びではない。見通しをもって問題解決に取り組み，次々生まれる問題に粘り強く取り組み，そのような学びを振り返り，次の学びに活かしていこうとするものである。「粘り強さ」が最も色濃く表れる学びとだと言える。2つ目の「対話的な学び」とは，活発に話し合いをする学びではない。話し合いをすることで，自分の考えを広げたり深めたりすることのできる学びである。その原動力には，「粘り強さ」が必要となる。最後の「深い学び」ですが，この学びの姿を捉えることは少し難しい。知識を関連付け，自己の考えを形成しながら，問題を見いだして解決策を考える学びだからだ。その結果，思いや考えをもとに新たな意味や価値を想像する学びとなるのである。やはり，この「深い学び」には「粘り強さ」が必要である。知的に粘り強く取り組み続けることができなければ，「深い学び」など実現しようがないのである。ただ，この深い学びを生みだすためには，次に取り上げる「見方・考え方を働かせた学び」も必要となる。

❷ 「粘り強さ」と「見方・考え方を働かせた学び」

　この「見方・考え方」の前には「各教科等の特質に応じた」という言葉がついてくる。各教科等によって，働かせるべき「見方・考え方」は異なる。国語ならば「言葉による見方・考え方」，算数ならば「数学的な見方・考え方」である。この見方・考え方を働かせることは，各教科等の本質に迫る学びを生みだすことにつながるのだ。

　そのためにまず私たちがすべきことは，各教科等の本質を徹底的に吟味することだ。そして，新学習指導要領で示されている「見方・考え方」をもとにしながら，扱う単元において，どのような「見方・考え方」を働かせると教科等の本質に迫ることができるのかを明らかにしなければならない。また，その「見方・考え方」がどこで，どのように表出するかを想定しながら単元を構成していく。その時に大切なことは，子どもが深く思考する必然性が生じるような文脈としていくことである。なぜなら，子どもが深く思考する学びの中でこそ，各教科等の「見方・考え方」を働かせて問題解決を行うことができると考えるからだ。そのために，問いと答えの距離が長い学習活動を設定し，考えたくなる状況や深く思考する場をつくりだしていく。この距離の長い思考に対して「粘り強さ」をもって課題解決に取り組むからこそ，深い学びを実現していくのである。

　いかがだっただろうか。「粘り強くともに学ぶ子ども」を育てることは，今求められている「主体的・対話的で深い学び」を実現することにつながり，「資質・能力」を育てる学びとなる。

3 「粘り強さ」を育てる授業づくりの3つの視点

　先にも述べた通り，「粘り強さ」は全ての教科で粘り強い学びを実現する中で育てていくべきものである。そのためには，3つの視点が必要であると私たちは考えている。

〈「粘り強くともに学ぶ子ども」を育てるための3つの視点〉

(1)　主体的な学びを生みだす単元構成と課題設定の工夫

(2)　豊かな対話を生みだし，深い学びに誘う教師の働きかけ

(3)　自らの粘り強さをメタ的に捉え直す振り返りの工夫

　それぞれの視点について詳しく述べさせていただく。

❶ 主体的な学びを生みだす単元構成と課題設定の工夫

①　子どもにとって追究しがいのある単元構成

　教科等の本質に迫る中で，他者と協働し，見方・考え方を働かせて問題解決をする場が自ずと生じるような文脈となるために，以下の視点をもち単元を構成していく。

○　子どもが解決したいと思うような問題場面を設定すること

○　子どもにとって到達すべきゴールが明確であり，見通しをもって追究できること

○　子どもの思考に沿って柔軟に単元をリデザインすること

　子どもが問題を自分事として捉え，最後まで粘り強く追究していくためには，素朴概念と目の前の事象とのずれが生じる問題場面との出合いが重要である。なぜなら，子どもが今もっている素朴概念では解決できない場面と出合うことで「何とかして解決したい」という切実感を生みだすことができるからである。その際，問題場面が子どもたちにとって学ぶ意義や切実感をもつものであるか，そして教科等の本質に迫るものであるかを吟味し，単元を構成する必要がある。単元構成については，次の2つのタイプがあると考えている。

　1つ目は，単元導入において事象との出合いにより立ち上がった問題をもとにゴールを設定し，その解決に向けて追究する単元構成。2つ目は，目の前の事象から生じた問題をきっかけとして連続的に課題を解決するような単元構成である。

　例えば，1つ目の単元構成については，第5学年理科「電流がつくる磁力」の学習において，単元導入で電流を流すと音が鳴るフィルムケース電磁ブザーを提示した。自分たちで電磁石を作り，ケースに入れれば簡単に音が鳴るはずだと考えていた子どもたち。しかし，実際は音を鳴らすことができない。何度やってもできないことから，ある子どもは，「ええ，分かんない。こんなに難しいの」とつぶやく。まさに「壁」にぶつかった状態である。この「壁」にぶつかったことで，子どもたちに「強い電磁石を作り，ブザーを鳴らすためには，どうすればよいの

だろうか」という切実な問題が立ち上がった。このように，切実感を生みだす事象に出合わせたことで，粘り強く追究する子どもの姿が具現化できたのである。

　さらに，ここから単元のゴールに向けて追究していく際には，子ども自身が何を解決していけばよいのか，どのような方法で解決していけばよいのかといった見通しを明確にもたせることが大切である。

　授業を進めていく中で，子どもは何を解決したいと思っているのか，何につまずいているのかという子どもの見取りを丁寧に行い，子どもの思考の流れを大事にしながら単元を柔軟に修正し，子どもとともに文脈をつくっていく。

②　表現する必然性を促す質の高い課題設定

　問題を追究していく中で，子どもたちから生まれる「問い」や「つまずき」に着目しながら，以下のような課題を設定する。

○　子どもにとって追究する価値のあるもの
○　子どもたちの「論理」を刺激するもの

　子どもにとって追究する価値がある課題とは，今の子どもたちでは「簡単には解決できない」「解決することに意味がある」といった考え甲斐があるものである。また，子どもたちの「論理」を刺激する課題とは，それぞれの既有知識や体験に働きかけ，一人一人の考えに揺さぶりをかけるものである。このような課題から生まれる子どもたちの「何とか解決したい」という意欲は，自分とは違った考えをもつ他者との豊かな「対話」を促し，「相手に自分の考えを分かりやすく伝えたい」という子どもたちにとって表現する必然性のある課題を生む。

　私たち教師は，綿密な学習材の研究に立ち，このような子どもの状況をできる限り予測しながら，子どもがどんなことに迷い，困難を感じているのかを丁寧に見取っていくことで，子どもにとって解決せざるを得ないような課題を設定していくのである。

❷　豊かな対話を生みだし，深い学びに誘う教師の働きかけ

①　子ども同士の考えの違いを検討する場の設定

　豊かな対話を生みだすためには，次のような手立てが必要である。

○　子どもたち同士の「聴く」―「語る」関係づくり
○　互いの考えについて相違点を明確にするための思考の可視化
○　子どもの「分からない」「どうして」といった発言への立ち止まり

　まず，子ども一人一人が，自分なりの「ことば」で思いや考えを表現し，それを共感的に受け止め，誠実に耳を傾けようとするような子どもたち同士の「聴く」―「語る」関係をつくっていく。この子どもたち同士の関係性は，対話を成立させるための前提条件となる。

そして，子どもの思考を表現に置き換え，可視化する手立てを行う。例えば，理科や算数では，思考を図や絵などのモデルで表現させていく。このモデルを用いて説明させたり，モデル同士を比較したりすることで，そのずれが明らかとなり，ずれを埋めていくための対話が生じる。

　さらに，課題について話し合っていく中で，子どもの「分からない」「どうして」という切実な思いが立ち上がってくる。そのような子どもの思いや願いを丁寧に見取っていくことが欠かせない。この切実な思いに立ち止まっていくことにより，相手が納得するまで表現を変えながら説明したり，友達の考えを自分の考えと擦り合わせて納得解や最適解を見いだしたりする豊かな対話が生まれるのである。そのために，授業中の子どものつぶやきや表情，振り返りの記述から，子どもがどのような思考をしているのかを見取り，全体で共有化していく。

　第6学年国語「カレーライス」の学習において，「ひろしとお父さんの交換ノートづくり」という言語活動に取り組んだ。交換ノートづくりを進めながら，最後の1文についての「わたしの問い」をもっている子ども同士で小グループをつくり話し合わせていくが暗礁に乗り上げる。そこで教師は，その姿を取り上げ，次は全体で考えてはどうかと提案する。すると，子どもは全体に「みなさん聞いてください。最後の行に『ぼくたちの特製カレーはぴりっとからくて，でもほんのりあまかった。』とあるのは，本当のカレーの味なのか，ひろしとお父さんの心情なのかがよく分からないんですけど，どう思いますか。」と問いかけたのである。この子どもの「分からなさ」に教師が寄り添い，小グループで解決できなかった問いを全体に広げることで，全員で最後の1文に着目し，その象徴を想像しながら読む深い学びが生まれたのである。

② 　見方・考え方を働かせるための工夫

　対話が活性化するためには，子ども同士で問題解決を図っていくための活動の場を設定することも大切である。活動の場においては，まずは自分たちで考えたことを試し，友達と結果をもとに話し合い，共通点や相違点を明確にする。そして，その結果から考えられることを吟味し，自分なりの納得解・最適解を見いだすといった思考過程を経ることができるようにしていく。

　その中で，教科等の見方・考え方を働かせ，「深い学び」へと誘うために，子どもの思考の流れを見取りながら，子ども同士の考えのずれや焦点化すべき話題に立ち止まっていく。

　例えば，第6学年算数「対称な図形」の学習において，点対称な図形の作図方法の妥当性について検証し，論理的に証明してきた子どもたち。その中で，ある子どもの作図方法を取り上げ，一見，点対称な図形に見えるが，実は点対称な図形ではないものを提示した。その図形を見て，違和感を感じた子どもたちから「この図形は点対称ではないのでは」という声が上がる。そこで，実際の図形をトレーシングペーパーに写し取ったり，図形を切り取ったりといった操作をしながら問題解決を図っていく場を設定した。このような活動を通して，辺の長さや角度

に着目したり，点対称の性質をもとに筋道を立てて考えたりと，図形に対する見方・考え方を働かせながら，点対称な図形にはならないことを論理的に証明することができたのである。

また，子どもがどのような見方・考え方を働かせているかを明らかにするために，子どもの思考を板書で可視化する手立てを行う。対象をどの視点から見ているのか，比較や関連付けといったどのような思考スキルを使ったのかが分かるように，子どもの発言を線や矢印でつないでいく。

そして，子どもがこれまでの学びで獲得してきた見方・考え方を活用できるように学びの足跡を掲示しておく。そうすることで，新たな情報とこれまでの知識・技能が関連付き，考えを再構成していくことができるのである。

❸ 自らの粘り強さをメタ的に捉え直す振り返りの工夫

① 思考過程を自覚化する立ち止まり

子どもが，問題を解決していく中で，何となく分かった状態のまま満足してしまうことがある。また，友達の考えを安易に受け入れて納得してしまうこともある。これでは，深い学びに届かず対象について新たな意味や価値を見いだすことができない。だからこそ，「本当にそうなのか」と思考の過程で立ち止まり，批判的に見ることが欠かせない。

そのために，授業の中において，教師が曖昧な点について問い返したり，子どもの思考を可視化した板書で互いの考えのずれに着目させたりしながら，かかわり合いを促していく。

そうすることで，自分一人での思考過程では気付き難い問題点や誤り，さらには自分の考えでよかったところが他者とのかかわりによって明らかとなり，新たな視点から自分の思考過程を吟味することを通して，知識を再構成し，対象について意味や価値を見いだす深い学びとなる。

このような学びを繰り返し行っていくことにより，新たな状況でも自他の考え方を批判的に見る思考を自在に使いながら問題の解決を行うことができるようになっていくのである。

② 学び方の振り返り

子どもが「今」の自分の理解，自分の思考過程を振り返ることから深い学びがもたらされる。そのためにも，ただ振り返らせるのではなく，振り返りの質を高めていくことが大切である。したがって，教師は，子どもがどのような学びの中で，新たな知識・技能を獲得し，それをどのように活用しながら課題を解決してきたのかを表現させることが必要である。

そこで，教科等ごとに，授業の終末，あるいは単元末において，次のような観点で振り返りを行っていく。

○ 授業，あるいは単元で学んだ内容
○ 自分の考えに変容を促した友達の発言

自分の考えが「誰のどんな考え方から」「どのような活動から」変容したのかという自身の「学び方」を振り返ることは，思考過程を見直すことでもある。また，自分の表現や自らの学習そのものを分析的・反省的に思考するメタ認知力を高めることにもなる。メタ認知力が高まっていくと，学習を相互に関連付けたり，様々な事象から多様な気付きを生みだしたりできるようになる。

　自らの思考過程を見つめ直すことができるようにしていくために，ノートや学習シートで継続的に振り返りを行っていく。その際には，自分は何を学んだのか，何が明らかになったのか，友達との学び合いにより自分の考えがどのように変容したのか，といった自分の学びを自覚化できるようにするため，各教科等に応じた具体的な振り返りを工夫していく。

　さらに，自分の思考過程を振り返ることを重視しながら，次に進むべき道筋も明確にしていく。子どもたち自身が「次に何を解決すべきなのか」といった次への学びを意識化することにより，自らの学びを舵取りしていけるようにしていく。このように，学びを自己調整していくことが主体的な学びには不可欠なのである。

　また，子どもの自己評価力を伸ばすことがメタ認知力を高めていくためには欠かせない。そこで，教師は子どもの記述した文章を価値付け，次の時間にその文章を紹介する場を設ける。そうすることで，他の子どもたちにも振り返りの視点が広がり，友達の振り返り方も自分の振り返りに取り入れていくようになる。

　他にも，単元を通して子どもが身に付けた思考力，判断力，表現力等を見取るために，パフォーマンス課題に取り組ませる。この取り組みによって得られた評価の尺度をルーブリックとしてまとめていくことにより，指導と評価の一体化を図っていく。

　このような活動により，獲得した知識・技能が実生活の中で活用できるものとして子どもが実感できるようにする。

③　他者とのかかわりの振り返り

　友達とともに粘り強く学んでいくためには，「学びに向かう力・人間性」の資質・能力を育成していくことも大切である。粘り強くともに学ぶための「学びに向かう力・人間性」として，「知的なたくましさ」「レジリエンス（困難から立ち直る力）」「共感」「寛容」などが必要な要素であると考える。なぜなら，知的好奇心をもち，失敗してもその失敗すら糧にして最後まで追究し続けるためには「知的なたくましさ」と「レジリエンス」が欠かせないからである。また，相手の考えに思いをはせ，異なる考えでも受け入れようとする「共感」「寛容」があることで，他者と協働しながら問題解決をすることができるからである。このような要素に支えられることで，粘り強く，そして柔軟に，他者と協働していくことができるのである。

　また，対話の中では，子どもたちの人間性も豊かに育まれ，それが姿として現れる。具体的には，自分とは異なる相手の考えを否定することなく受け入れ，互いの考えを擦り合わせていく姿や，自分の考えが相手になかなか伝わらない時，相手に納得してもらうために，表現を変

えたり，具体的な事例を挙げたりしながら何度も伝えようとする姿である。

　例えば，第5学年社会科「情報を生かす日本の産業」では，熊本市の観光 PR 動画の提案を作る中で，地震のことについて触れない方がいいと考えている子どもがいた。なぜなら，地震のことを取り上げると，見た人に怖いイメージを与えてしまうと思っていたからである。しかし，グループでの検討において，「復興の支援に対する感謝の言葉を入れる」といった意見を聞くことで，地震に対する見方が変わり，「だったら，復興中の熊本城の映像を入れるといい」と相手の考えを受け入れながら，さらによりよくしようとする姿が見られたのである。まさに，友達の考えを真摯に受け止め，互いの考えを擦り合わせながら，ともによりよいものをつくり上げていこうとする前向きな態度が表れていたと言える。

　教師は，このように，互いのよさを生かして協働する姿や，相手のことを尊重する姿を丁寧に見取り，称賛していく。

　このようなことを継続していくことで，子ども自身も自分の他者とのかかわり方がどうだったかを振り返ることができるようになっていく。そうすることで，子どもの自己肯定感も高まり，学びに向かう力や人間性が高まっていくのである。

【参考文献】

1)　石井英真『中教審「答申」を読み解く』（日本標準）2017
2)　石井英真『今求められる学力と学びとは―コンピテンシー・ベースのカリキュラムの光と影―』（日本標準）2015
3)　田村学『深い学び』（東洋館）2018
4)　藤井千春『アクティブ・ラーニング授業実践の原理―迷わないための視点・基盤・環境』（明治図書）2016
5)　奈須正裕他『教科の本質から迫るコンピテンシー・ベイスの授業づくり』（図書文化）2015
6)　奈須正裕『「資質・能力」と学びのメカニズム』（東洋館）2017
7)　内田伸子・鹿毛雅治・河野順子・熊本大学教育学部附属小学校『「対話」で広がる子どもの学び』（明治図書）2012
8)　前田康裕『まんがで知る教師の学び―これからの学校教育を担うために―』（さくら社）2016
9)　合田哲雄『学習指導要領の読み方・活かし方―学習指導要領を「使いこなす」ための8章―』（教育開発研究所）2019

3つの視点でつくる粘り強くともに学ぶ子どもを育成する授業事例24

【視点１】主体的な学びを生みだす単元構成と課題設定の工夫

2年 音楽科

1　あらわそう！場面の様子

【教出２年】「汽車は走る」「出発」

　鍵盤ハーモニカを用いてイメージに合う表現をする学習に取り組んだ際，一人一人が思いをもって，即興的に楽しく音を出すことができた。友達の演奏を聴いて感想を述べることにも積極的であったが，その場面の様子にまで思いをめぐらせることはできなかった。

　そこで，楽器に対する興味や思いを大切にしながら，楽器を組み合わせることによって生まれる音の重なりにも着目させることで，子どもたちの表現の幅をより広げるような学習に取り組ませたい。音の重なりによって生まれる効果について感じ取ったことを交流しながら場面の様子にも思いをめぐらせ，表現の工夫に取り組んでほしいと願う。

　本題材では，楽器を数種類組み合わせた演奏の工夫に取り組ませる。表したい場面の様子と楽器の音を結び付けて捉えながら，表現の工夫に繰り返し取り組んでいく。このような学習を通して，子どもたちは，新たな表現に気付いたり，自分の表現のよさを捉え直したりしながら，音や音楽の世界を広げることができると考える。

❶　題材について

(1)　本題材では，楽曲の気分を感じ取りながら想像豊かに聴くことや，楽曲の表す場面の様子や気持ちを想像しながら表現の工夫をすることを目標とする。楽器の音の特徴や，音から受けるイメージについて話し合ったり，実際に演奏したりすることで，友達とかかわりながら，自分の思いに合う表現を工夫していくことができるようにする。

　　表現教材「汽車は走る」は，リズムや旋律が反復する面白さを感じ取りやすく，想像したことと表現を結び付けながら，繰り返し表現の工夫に取り組むことができる曲である。４つのパートをどの楽器で演奏すればよいかを考え，工夫して演奏することができる。鑑賞教材「出発」は，速度を増しながら走って行く様子を楽器の旋律や伴奏で表すなど，楽曲と場面の様子を結び付けて捉えやすい曲である。表現教材と鑑賞教材を用意することで，表現と鑑賞を行き来しながら，繰り返し表現の工夫に取り組むことができるようにする。

(2)　子どもたちは，経験したことをもとに楽器を選んで，歌に合わせて演奏する学習を経験した。本題材で取り組む，楽器を組み合わせて場面の様子を表現する学習は，各パートの役割を生かしてアンサンブルをすることや，旋律の変化と重なりを捉え，よさや面白さを感じ取って聴く学習につながっていく。

(3)　指導にあたっての留意点は，次の通りである。

①　第１次では，「汽車は走る」の全パートを鍵盤ハーモニカとカホンで演奏し，曲想をつかませる。さらに，どのような場面の様子を表現したいかを考えさせ，それをもとに５〜７人

のグループをつくる。題材終末では保護者に発表会を行うことを知らせ，見通しをもたせる。

② 第2次では，表したい場面の様子を表現するための楽器について考えさせ，演奏に取り組ませる。考えた場面を表すために，主旋律とリズム以外の2パートを他の楽器に替えてもよいことにし，用いる楽器を再考して演奏する時間をとる。活動の中で，場面の様子と楽器を関連付けるための一助として，鑑賞教材「出発」を聴く活動や，ペアグループで聴き合い，感じたことを伝え合う活動を取り入れる。

③ 第3次では，発表会を実施するとともに，題材の振り返りを行う。発表会では，表したい場面について言葉や絵などを用いて伝えさせることで，表現と表したい様子とのつながりを明らかにする。発表会の後，題材全体を通して気付いたことや分かったこと，なるほどと思った友達の考え等について記述させ，学びの振り返りを行う。

④ 本時では，他グループと自分たちの演奏を聴き比べて感じたことを交流させる中で，表したい場面と楽器の組み合わせ方を関連付けて捉えさせていく。表したい場面の様子と楽器についての子どもたちの気付きや発言を板書で整理することで，視覚的に捉えやすくする。全体での学びをグループに生かすための立ち止まりでは，自分たちの演奏に生かせそうなところを考えさせることで，表現の工夫に繰り返し取り組むことができるようにする。

② 題材の目標

(1) 友達の楽器の音を聞きながら，場面の様子に合った表現で演奏することができる。

(2) 表したい場面の様子に合う楽器の組み合わせを工夫して表現することができる。

(3) 場面の様子と楽器の音などを結び付けながら聴いたり表現したりする活動に，友達と協力しながら，進んで楽しく取り組もうとする。

③ 指導計画（7時間取り扱い）

学習活動	主体的・対話的で深い学びを生みだすための教師の支援	時間
1 「汽車は走る」を演奏する。	○ 全パートを演奏して曲想をつかませ，表したい場面の様子ごとにグループをつくる。	1
2 「汽車は走る」の演奏の仕方を工夫する。	○ 表したい場面の様子を考えたり，場面の様子に合う楽器についてグループで話し合ったりしながら演奏する場を設ける。 ○ 子どもの思いに応じて，汽車の走る様子を表した楽曲を鑑賞する。 ○ 演奏を聴いた気付きを交流させ，表したい場面の様子と楽器の音を関連付けて捉え直させることで，演奏の完成を促す。	4 本時 3／4
3 工夫した演奏を発表し，学習の振り返りをする。	○ グループごとの演奏を，保護者に発表する場を設ける。 ○ 工夫したことや分かったこと，自分の頑張りや，なるほどと思った友達の考え等を記述させ，学習を振り返る。	2

❹ 本時の学習

(1) 目標

　　グループの演奏を聴き比べ，楽器の音について気付いたことを話し合う活動を通して，場面の様子と楽器の音を関連付けて捉え，自分たちの演奏に加えたい楽器を選ぶことができる。

(2) 展開

時間	学習活動	子どもの思い・姿
5	1　前時を振り返り，本時の課題をつかむ。	○　どの楽器にしようかなあ。これでいいかなあ。 ○　他のグループはどんな楽器を使っているのかな。
15	2　発表を聴き，感想や気付きを交流する。 ⑴　表したい場面の様子を共有する。（グループ） ⑵　互いの演奏を聴き合う。（ペアグループ） ⑶　演奏を聴いて気付いたことを交流する。（全体）	○　場面の様子をもう1回確かめてみよう。 ○　ぼくたちはキーボードとオルガンを使っているよ。どうしてかと言うと，汽車が元気に走っていく感じを出したいのと，オルガンの音は鍵盤ハーモニカより低いから，ゴトゴト走る感じがすると思うからだよ。 ○　オルガンの音もいいね。鍵盤ハーモニカと合わせると揺れるような感じに聞こえるね。 ○　オルガンはぼくたちも使っているけれど，違った感じがするな。ぼくたちは，音の高い所で弾いているからだ。 ○　そうか，同じ楽器を使っていても，違った感じに聞こえることもあるんだね。 ○　他の楽器はどうかな。木琴や鉄琴を使っているグループの演奏も聴いてみたいよ。
20	3　どの楽器を加えるか考えて，試す。	○　木琴は，調子よく走る様子に合うと思うよ。 ○　鉄琴とどちらが合うか，聞き比べてみようか。 ○　汽車が調子よく走る感じには，木琴の音が合うかも。コンコンって音が切れる感じがするから。 ○　木でできた木琴と，そうでない鉄琴の音は，音の感じが違うから，一緒に演奏してみるのはどうかな。
5	4　本時の学習を振り返る。	○　他のグループの演奏を聴いて，同じ楽器でも違った感じの音が出せることが分かりました。 ○　木琴と鉄琴を組み合わせると，全然違った感じの音がするので，様子がよく表せるようになりました。 ○　私は，木琴とカホンを合わせるのがよかったと思います。どちらも木でできているからかなと思います。

各グループで楽器を合わせて「汽車は走る」を演奏することはできている子どもたち。本時では，グループで互いに演奏を聴く場を設定します。自分の演奏と比較しながら交流する中で，表したい場面の様子と組み合わせた楽器の音を関連付けて聴き，自分たちの演奏を捉え直すことができるようにします。

主体的・対話的で深い学びを生みだす教師の支援（発問・指示，教材・教具，評価）

○　前時までの学習を振り返る中で，「この楽器でいいのか迷っている」「表したい様子は決まっているが，楽器がなかなか決まらない」といった子どもの思いを取り上げて，本時の課題を設定する。

場面の様子にもっと合うようにするには，どの楽器を使うといいだろう？

○　場面の様子と表現を結び付けて工夫していくことができるよう，表したい場面についてグループごとに確認する時間を設ける。

○　聴き合う場として，ペアグループでの発表の場を設ける。その際，演奏が聴き取りやすいように，場の設定を工夫する。

○　発表するグループには，演奏する前に，表したい場面の様子や楽器を選んだ理由を語らせるようにする。これにより，場面の様子と楽器の音とを関連付けながら聴くことができるようにする。

【教材・教具】
○　記録用紙
○　鍵盤ハーモニカやカホンなどの楽器

○　グループで聴き合って感じたことを全体の話し合いにも生かせるように，記録用紙を用意してメモを残すことができるようにし，発言する際にも用いることができるようにする。

○　全体の話し合いでは，表したいイメージと楽器の音を関連付けて捉えさせるために，選んだ楽器とその楽器の音，表したい場面の様子についての子どもたちの気付きや発言を，板書で整理していく。

○　グループ活動では「どんな様子を表したいの」「その場面なら，どの楽器で，どんな音を出したいと思うの」等の言葉がけを行うことで，表したい場面の様子に立ち戻って，繰り返し工夫に取り組むように促す。

○　自分たちの演奏をより客観的に聴き，表現を捉え直すことができるように，次の2つの手立てを講じる。1つ目は，グループ内で交代で聞き役になり，感じたことを互いに伝え合うようにすること。2つ目は，グループ同士で互いに聞き合いながら質問やアドバイスをし合うことである。

【評価】
　場面の様子と楽器の音とを関連付けて捉え，自分たちの演奏に加えたい楽器を選ぶことができる。（観察・ノート）

○　他のグループの演奏を聴くことによって，表現をさらに工夫したグループがあれば，取り上げて全体に紹介する。

○　自分たちの工夫のよかったところや，グループ内での自分や友達の頑張り，他のグループの演奏を聴いて「なるほど」と思ったこと等を発表させ，本時を振り返らせる。

2 並べて，積んで，広がる世界 ～ウッドブロックを使って～（造形遊び）

　洗濯ばさみを思いのままに挟んだり並べたりした造形活動であった前題材「はさんでならべてつなげよう」では，造形したものの形や色をもとに，他のものに見立てて，発想や構想を繰り返しながらよりよい表現へと向かう姿が見られた。そのような子どもたちに，感覚や想像力を働かせながら，様々な対象にふれて捉えた形や色から自分なりのイメージをもとに造形活動をしていくことで，創造的に発想や構想をしていく力を身に付けてほしいと願う。

　そこで，ウッドブロックを材料とした「並べて，積んで，広がる世界」を実践していく。第1次において，子どもが自らの感覚や想像力を働かせながら，ウッドブロックを思いのままに並べたり積んだりして造形させ，表出された形や色について対話する中で造形的な見方・考え方を働かせて，そのよさや美しさに気付かせる。さらに，もっと楽しく活動することを話し合わせることで，第2次の活動が，子どもの思いに寄り添ったものとなり，創造性を発揮しながら粘り強く発想や構想を繰り返して，よりよい表現へと向かうことができるようにしていく。

① 題材について

(1)　本題材は，ウッドブロックを並べたり積んだりしていく活動を通して，発想や構想を繰り返しながら造形してできた形の面白さや色の美しさを感じ取ったり，立体的に積み上げていく技能を発揮したりしていく。その中で，他者との見方や感じ方の違いを共感的に理解し，よりよい表現へと生かしていくことをねらいとする。

　本題材では，活動の材料として2種類のウッドブロックを用いる。1つは，縦：横：高さが1：3：15の比率で作られたものである。これは，積み上げていくことで建築物に見立てた造形を可能にするとともに，比率によって美的な造形も可能にする。もう1つは，縦2cm，横4cm，高さ1cmでできており，彩色されているものである。これは，色の組み合わせを考えて並べたり造形するものに合わせた色使いができたりする。これら2種類のウッドブロックを用いることで，発想や構想を繰り返しながら，並べたり積んだりしていく造形の面白さと色の組み合わせによる美しさを感じ取らせることができる。

(2)　題材「はさんでならべてつなげよう」では，洗濯ばさみを用いて思いのままに挟んだり並べたりしていく中でできた形や色を見立てながら，発想や構想を繰り返して造形している。美的な造形への気付きやよさが分かることは中学年につながっていくと考える。

(3)　本題材に関する子どもの実態は，次の通りである。（調査人数36人）

①　ウッドブロックを使って遊んだ経験がある子どもたちは，8人である。高く積んだり建物のようなものを作ったりしているが，積み方を工夫して面白い形にしていった経験はない。

②　題材「はさんでならべてつなげよう」で洗濯ばさみを思いのままにつないでいくことでできた形を何かに見立てながら，発想や構想を繰り返していた。また，題材の最後には，学級

みんなで共同して１つの造形物を製作したいという声も挙がった。

(4) 指導にあたっての留意点は，次の通りである。

① 第１次では，子どもたちが感覚を働かせながら，思いのままにウッドブロックを並べたり積んだりさせることで，活動の楽しさを感じ主体的に取り組むことができるようにする。また，活動の中で表出された形の面白さに着目させることで，積み方の工夫について共有していくようにする。さらに，活動について話し合わせることで新たな活動へとつなげていく。

② 第２次では，第１次での話し合いをもとにして活動を設定していく。また，お互いの造形物を鑑賞し感想交流する中で，お互いのよさを認め合っていくようにする。

③ 本時では，積み方の工夫によってできた形の面白さや並べ方の工夫によって生まれた色の組み合わせの美しさについて取り上げ，その表現効果をもたらしている造形的な特徴について話し合うことで，見方や感じ方を広げることができるようにする。

❷ 題材の目標

(1) 思いのままにウッドブロックを並べたり積んだりしながら，形や色などをもとに自分なりにイメージをもち，造形的な面白さに気付くことができる。

(2) ウッドブロックの積み方を工夫して面白い形をつくりだしたり，色の組み合わせを考えてウッドブロックを並べたりすることができる。

(3) 友達の造形物や作品のよさを感じ取り，生活の中の形や色に関心をもつことができる。

❸ 指導計画（５時間取り扱い）

学習活動	主体的・対話的で深い学びを生みだすための教師の支援	時間
1 ウッドブロックを用いて，思いのままに造形活動を行う。	○ ２種類のウッドブロックを準備することで，並べたり積んだりして思いのままに造形活動を行わせる。 ○ 造形物を相互鑑賞して感じたことを交流する中で，よりよい表現へとつながる造形物を取り上げて課題を設定し，話し合うことを通して，形や色の組み合わせのよさに気付かせる。	3 本時 3／3
2 ウッドブロックを用いて，話し合いの中から出た造形活動を行う。	○ 第１次の話し合いをもとにした造形活動を行うことで，主体的に取り組むことができるようにする。 ○ 鑑賞を行い，お互いのよさや頑張りに気付かせ，感想交流を行うことで，自己肯定感を高めていく。	2

❹ 本時の学習

(1) 目標

　　造形物の形や色についての話し合いを通して，形の面白さや色の組み合わせのよさを感じ
取り積み方や並べ方の工夫に気付き，新たな発想へつなげることができる。

(2) 展開

時間	学習活動	子どもの思い・姿
3	1　前時の学習を振り返り，課題を設定する。	○　友達がつくったものの面白いところやいいなあと思うところを見つけたよ。
10	2　形や色について，話し合う。	○　□□さんのつくったものの形が面白い。なぜかと言うと，ずらして積んでいるから，ツボの形みたいに見えるよ。
		○　だんだん広がっていくように積んであって，途中からしぼんでるようだね。
		○　すごい。どうやって積んだの？
		○　外側にずらして，広げていったんだよ。
		○　そうか。ただ上に積んだだけじゃ高くなるだけだ。積み方を工夫してみよう。
		○　◇◇さんのつくったものは，色がきれいに見えるよ。
		○　青と水色を交互に並べているから，模様みたいに見えるからだね。
20	3　新たに発想したことを試しながら造形活動をする。	○　□□さんがやってたように，少しずつずらして並べてみよう。
		○　いいこと思いついたよ。△△さんのように広げていって，今度は狭くしていくと面白い形ができそうだよ。やってみよう。
7	4　本時の学習を振り返る。	○　□□さんの並べ方をやってみたら，もっと面白い形になりました。
		○　◇◇さんからアイデアをもらって，色を考えて並べたら，きれいと言われました。
5	5　次の活動について話し合う。	○　面白い形の建物みたいなのができたから，みんなで街みたいなのをつくると面白そう。
		○　なるほど。青や水色で川や海ができそう。

前時の相互鑑賞において，友達の造形物の「面白さ」「美しさ」を見つけている子どもたち。本時では，そのよさはどこから感じ取っているのかを話し合わせます。そして，その表現効果をもたらしている積み方や並べ方の工夫に気付かせ，新たな発想へとつなげていくようにしていきます。

主体的・対話的で深い学びを生みだす教師の支援（発問・指示，教材・教具，評価）

○ 前時の相互鑑賞で出された友達の造形物の写真を提示し，課題を設定する。

□□さんのつくったものの，どこが「面白い」「美しい」と感じるのだろう。

○ 前時の相互鑑賞において，多くの子どもたちが「面白い」「美しい」と感じていた造形物を取り上げて，どこからそう感じたのかを話し合わせる。その際，そう感じた根拠（造形的な特徴）が分かるように，造形物を指し示しながら説明させる。

【教材・教具】
○ 1：3：15（比率）のウッドブロック
○ 色付きウッドブロック
○ 実際の造形物
○ 造形物の写真

○ 子どもたちの意見をつなぎながら，造形的な特徴とその表現効果を関係付けていくようにする。

○ 子どもたちから表出された意見や考えを，形と色に分類したり，写真や積み方の工夫などを線でつなぎながら整理した板書にすることで，関係付けているものが理解できるようにする。

○ 子どもたちそれぞれの見方や感じ方を教師が認めていくことで，他者との見方や感じ方の違いを共感的に捉えるようにしていく。

○ 話し合いの後，「次はどのような活動にするとよいか」と問いかける。子どもたちの意見を取り上げながら，意味のある試しの活動にしていくように促す。

○ 子どもたちの話に耳を傾けながら，その工夫を称賛していくことで，活動への意欲を高めていく。

○ 子どもたちの活動の様子や造形物（面白い形・積み方の工夫など）を写真で記録していくことで，積み方の工夫の共有や振り返りに活用していくようにする。

【評価】
形の面白さや色の組み合わせを感じ取り，材料の積み方や並べ方の工夫に気付き，造形活動に自分なりに取り入れて，新たな発想へとつなげている。（観察・シート）

○ まず，3つの視点を振り返らせる。そして，その視点の中から1つを選ばせて振り返らせることで，視点に沿ってメタ的に学びの過程を自覚化させていく。

○ 「もっと楽しく活動するには，どうしたらよいか」と投げかけることで，自分たちで活動をつくりだしていくように促していく。

3 長さに目をつけて三角形を調べよう（三角形と角）【東書3年】

　子どもたちは正方形とは何かを理解しているつもりでいたが，前学年の2年生の学習である図形の問題で，辺が全て等しいというだけでは正方形にならないことがあることを見抜けない子どもが多くいた。これは，図形に関する学習内容を表面的には理解していても，それが課題を解決するために必要な「生きて働く知識・技能」とはなっていないことを表している。3年生の三角形の学習では，二等辺三角形と正三角形を取り扱うが，三角形の分類を通して行う二等辺三角形と正三角形の定義を教科書通り覚えたり，その作図方法を教科書に沿って繰り返し練習したりするといった学習になりがちである。確かに定義や作図方法を正しく理解することは大切であるが，だからこそ図形の定義や性質，作図方法と関連付けて考えざるを得ない学習課題に取り組む経験をさせる必要があると考える。

　そこで，はじめから提示された図形を学習するのではなく，問題場面の中から自ら図形を作り出し，その図形がどのように分類ができるかを構成要素から見いだしていく学習活動を行うことで，学習した内容を「生きて働く知識・技能」として身に付けていってほしいと願う。

　本時では，同じ大きさの3つの円を，中心が互いの円周上になるように配置し，その交点の中から3つを選択して様々な三角形を作る問題に取り組ませる。自分で作った三角形がどのように分類できるかを，既習の円の性質と関連付けて考えることで，自ら構成要素や図形がもつ性質に着目して課題の解決に動き出していく。

❶ 単元について

(1)　本単元「三角形と角」では，辺の長さに着目して三角形の特徴を捉え，2辺の長さが等しい三角形を二等辺三角形，3辺の長さが等しい三角形を正三角形ということを理解させていくことをねらいとしている。また，定規やコンパスを用いた作図，二等辺三角形や正三角形の観察，紙を切り抜いた三角形を折ったり敷き詰めたりする活動を通して，二等辺三角形と正三角形についての理解を深めたり，平面図形の広がりや図形の美しさを感じたりすることもねらいとしている。

(2)　子どもたちはこれまでに，第1学年で「さんかく」などの表現を用いて，おおまかに「まる」「しかく」と区別する学習をしてきている。また，第2学年では，長方形や正方形，直角三角形といった直角という見方で分類できる図形についても学習してきている。第3学年では，2学期に円と球の学習を行い，コンパスを使った円の作図も経験してきている。本単元で学習した内容は，第4学年における「角の大きさ」及び「垂直・平行と四角形」につながっている。

(3)　指導にあたっての留意点は，次の通りである。

①　単元の導入では，4種類の長さの棒を用意し，長さごとに色分けすることによって，辺の

長さを視覚的に捉えさせ，辺の長さを観点にした分類に目を向けさせやすくする。

② コンパスを使った作図の仕方を学習する際は，なぜその方法で作図できるのかを説明させることで，コンパスの機能と二等辺三角形の定義を関係付けて理解させる。

③ 単元終末には，正三角形や二等辺三角形などを使った敷き詰める活動を設定し，図形のもつ美しさに関心をもたせるようにする。

④ 本時では，同じ大きさの円を，互いの円の中心を通るように重ねた図を提示する。円の交点を利用してできる三角形がどのように分類できるかを，円の性質と三角形の定義を関係付けて説明させることで，円を用いた三角形の作図についての概念を深められるようにする。

② 単元の目標

(1) 角について知り，二等辺三角形や正三角形の意味や性質について理解し，三角形について辺の長さに注目したり円の性質と結び付けたりして捉えられる感覚をもつ。また，定規とコンパスを用いて，二等辺三角形や正三角形を作図することができる。

(2) 辺の長さに着目して三角形の特徴を捉えたり，角の大きさに着目して三角形の性質を見いだしたりして表現することができる。

(3) 二等辺三角形や正三角形の敷き詰めによって模様の美しさや平面の広がりに気付くとともに，身の回りから二等辺三角形や三角形を見つけようとしている。

③ 指導計画（9時間取り扱い）

学習活動	主体的・対話的で深い学びを生みだすための教師の支援	時間
1 三角形を辺の長さに着目して分類する。「角」及び「角の大きさ」の意味を知り，二等辺三角形と正三角形の角の性質をまとめる。	○ 長さの異なる棒を使って様々な三角形を作らせる際，棒を長さごとに色分けすることで，長さに着目して分類させるようにする。 ○ 二等辺三角形や正三角形を折って重ねることを通して，二等辺三角形と正三角形の角の性質を捉えさせるとともに，角の大きさと三角形の大きさは関係ないことに気付かせるようにする。	4
2 定規やコンパスを用いて二等辺三角形や正三角形のかき方を考える。	○ 二等辺三角形や正三角形の辺の性質に着目させることで，コンパスや円を利用した作図方法をつかませる。 ○ 三角形を敷き詰める活動を設定し，敷き詰める方法を考えさせることで，角と辺の長さの組み合わせに気付かせる。	4 本時 3／4
3 算数レポートにまとめる。	○ 円を使った二等辺三角形と正三角形のかき方の説明書を作る活動を設定することで，三角形の理解を深めさせる。	1

❹ 本時の学習

（1） 目標

　　同じ大きさの円が重なってできた交点を使って三角形を作図する活動を通して，二等辺三角形や正三角形であることを円の性質を使って説明することができる。

（2） 展開

時間	学習活動	子どもの思い・姿
7	1　問題場面を把握し，本時の課題をつかむ。	○　交点は6つあるね。 ○　6つもあるから，いろいろな三角形ができそうだね。 ○　交点が円の中心と同じになっているところがあるよ。
10	2　できた交点から3点を選んで線で結んだらどんな三角形ができるかを考える。	○　ぼくは，正三角形ができたよ。 ○　私は，二等辺三角形ができたよ。 ○　ぼくは，大きい正三角形を見つけたよ。 ○　確かに正三角形みたいだけど，本当に正三角形なの？
23	3　正三角形や二等辺三角形，直角三角形だと言えるわけを話し合う。	○　同じ長さを測るなら定規を使えばいいよ。定規で測ったら，同じ長さになったから正三角形だ。 ○　同じ長さかどうか比べるだけなら，長さを測らなくてもいいよ。コンパスを使えば簡単に確かめられるよ。 ○　三角形の辺は全て円の半径に当たるから，定規やコンパスで確かめなくても辺の長さは等しいことが分かるよ。 ○　円の大きさがみんな同じだから，半径の長さも同じってことだね。 ○　これは三角形の2つの辺が円の半径に当たるから二等辺三角形なんだね。 ○　大きい正三角形の頂点は，どの円の中心にもなっていないよ。それでも，辺の長さが同じと言えるのかな。 ○　全ての辺は，円の中心を通っているから，直径になっているよ。だから辺の長さは同じと言えるんじゃないかな。 ○　正三角形は，他にもいくつかあるよ。辺が全て半径になっている三角形は，半径の長さがみんな同じだから正三角形だね。
5	4　本時の学習を振り返る。	○　定規やコンパスを使わなくても，辺が円の半径や直径に当たることが分かれば，簡単に同じ辺だということが言えるね。 ○　円の性質を使えば，二等辺三角形や正三角形をかく時も簡単にかけそうだね。

同じ大きさの円を，互いの円の中心を通るように重ねると，円の交点が６つできます。この交点の中から３つを選び三角形を作ると，正三角形，二等辺三角形，直角三角形ができます。子どもたちは，正三角形や二等辺三角形であることを，円の性質に着目して証明していきます。

主体的・対話的で深い学びを生みだす教師の支援（発問・指示，教材・教具，評価）

○　右図を提示し，３つの円の大きさは同じであること，それぞれの円の中心と
円が交わっていること，交点は６つあることを共通理解しておく。

○　６つの交点から３つの交点を選択して三角形を作ることを伝える。これまで
学習した三角形にはどんなものがあったかを振り返り，できるだけ多くの種類
の三角形を探し出すように促す。

○　子どもたちが探し出した三角形を黒板に掲示し，いくつの種類を見つけられたかを確認させる。

○　「なぜ正三角形だと言えるの」「本当に二等辺三角形なの」といった問いを取り上げ，課題を設定
する。

できた三角形は，本当に正三角形や二等辺三角形なのだろうか。

○　定規やコンパスなどを使って，実際に長さを測ったり比べ
たりする子どもの意見を取り上げ，定規を使って長さを測定
したりコンパスを使って長さを比べたりすることで等しい辺
を操作的な方法で確かめさせる。

【教具】

○　定規，コンパス，三角定規

○　操作的に確かめさせた場合，作図が少しずれている等の理由から，「少しずれている」「長さが
１㎜違う」といった声が出ると予想される。その際，一度立ち止まらせ，みんなが納得できるよう
な説明方法がないか考えさせることで，操作的だけでなく論理的にも証明する
ように促す。

○　正三角形は小さいものと大きいものの２種類ができるので，それぞれの正三
角形についてなぜ辺の長さが同じと言えるのか考えさせる。その際，円の大き
さが同じであるということは，それぞれの円の半径や直径も同じであることを
全体で共有する。

○　直角三角形については，角度や三角形の内角の和について
未習であるため，論理的に説明できない場合は操作的に証明
するよう促す。その際，三角定規と同じ角度であることに注
目した意見が出た場合は取り上げ，三角定規と同じ角度とな
っていることに気付かせるようにする。

【評価】

同じ大きさの円の半径の長さ
は全て等しいという性質を使っ
て，正三角形や二等辺三角形で
あることを説明することができ
る。（観察・ノート）

○　本時の学習で分かったことと分かるきっかけとなった自分
の考えや友達の発言，疑問に残ったことを算数レポートに書
かせ，数名の子どもに発表させる。

4 ダブルアタックゲーム（ネット型ゲーム）

ネット型ゲームの学習において，積極的に捕球しようと動く子どもと，そうでない子どもに極端な偏りがあった。それは自らボールを追いかけたり，キャッチしたりすることの楽しさを感じた子どもが少なく，うまくできないかもしれないという自信のなさから，他の人に任せてしまったためだと考える。このような子どもたちに対して，ボールをキャッチしたり，飛ばしたりすることで得点につながる喜びを味わってほしい。そこで子どもたちはさらにボールを持っていない時の位置や動きに目が向き，ボールをつなぐ動きを身に付けていくと考える。

そこで本実践では，縦長のコートを用意することで遠くまでボールを飛ばすと点数が入りやすい状況を設定し，そこから生まれる「ボールを遠くまで飛ばして点数をたくさん取りたい」という子どもがもっている思いをもとに学習をスタートする。遠くまで飛ばす方法を追究していく中で，反対にボールを飛ばされると，１回だけでは相手コートまで返すことができない子どもが出てくると考える。その時子どもたちはボールをつなげる必然性をもつであろう。オフザボールの動きを工夫することでボールをつなぐという喜びを子どもたちに味わってほしい。

❶ 単元について

(1) 本単元は，ネット越しにラリーを応酬する楽しさを味わう中で，たくさん点数を取るために遠くまでボールを飛ばす打ち方や，ボールを拾うために動き出しやすい構えやボールを弾くことでつなげる動きを身に付けることをねらいとしている。

この「ダブルアタックゲーム」は，２人対２人でネットをはさんでボールを相手のコートに落とすゲームである。プレイヤーはボールをキャッチしてレシーブしてもよいこととする。縦長のコートを用意することで，遠くに飛ばしてもアウトになりにくく，思いきりプレイすることができる状況を設定する。また，３点ゾーンを設ける。こうすることにより，遠いところをねらう意欲が高まったり，友達にパスをすることに抵抗が少なくなったりする。さらに，守るポジションを前後で分けることにより，それぞれがキャッチするまではできず，ギリギリで触ったボールを，どうにかつなげるための方法を探っていくだろう。

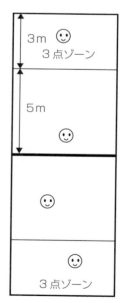

コート図

(2) 子どもたちは，ゲーム領域の運動としてボール投げゲームなどを経験してきているが，遠くまでボールを飛ばすことが点数につながるゲームや２人でボールをつなぐゲームも経験してきていない。ダブルアタックゲームに取り組む中で，ボールをキャッチするために必要なポジションを調整したり，ボールを持っていない時の動きを身に付けたりする。そうすることで，高学年のネット型ボール運動の学習における

「チームで連携を取り攻撃する姿」につながっていく。

(3) 本単元に関する子どもたちの実態は，次の通りである。（調査人数36人）

① ソフトバレーボールを6m以上投げて飛ばすことができる子どもは5人である。

② 6mの距離から3回ボールを投げて2回以上キャッチできる子どもは35人である。

(4) 指導にあたっての留意点は，次の通りである。

① 縦長のコートを設定することで，遠くにボールを飛ばすことに関心をもたせ，そのよさに気付かせる。

② 軽いボールを使用して落ちにくくし，落下点に入りやすくすることで，相手からボールを飛ばされる時の動きに着目させる。

③ 本時では，「ボールの落下点に入ることができたが，ボールをキャッチできない」という悩みをもとに，ボールをどうやってつなげていくかを考えさせる。その中で出てくると考えられる「弾いてつなげる」という考えから，弾かれたボールを素早く攻撃につなげていく動きを追究していく。

❷ 単元の目標

(1) ボールを遠くに飛ばしたり，ボールの落下点や仲間の動きに応じて，適したポジションに移動したりすることができる。

(2) ゲームの状況に応じて，点数を取ったり失点を防いだりするための簡単な作戦を考え，それを友達に伝えることができる。

(3) ボールをうまくキャッチできず弾いてしまう時，ボールを味方につなぐための動きを何度も試してみることで追究しようとする。

❸ 指導計画（7時間取り扱い）

学習活動	主体的・対話的で深い学びを生みだすための教師の支援	時間
1 学習の見通しをもつ。	○ 学習の進め方を確認する。 ○ 「はじめのルール」を確認し，試しのゲームを行う。	1
2 困ったことや悩んでいることを共通課題として解決していく。	○ ボールをあまり飛ばせない子どもの悩みに寄り添うことで，より遠くまでボールを飛ばす方法に目を向けさせ，体の部位に焦点化して話し合わせることで，より深い理解へとつなげる。 ○ 点数を取れるようになったが，勝てないチームがいるという事実をもとに，どんな守り方が必要か考えさせる。 ○ キャッチしようとするが，ボールを弾いてしまう子どもの悩みをもとに弾くことについて考えさせる。その動きを試させる中で出てくるオフザボールの動きを共有することで，ボールをつなぐことが素早いプレーにつながっていることに気付かせる。	6 本時 4／6

❹ 本時の学習

(1) 目標

　　ボールを弾く強さや角度について話し合ったり，試してみたりすることを通して，味方が取りやすいようなボールを返すことができる。

(2) 展開

時間	学習活動	子どもの思い・姿
2 8	1　準備運動をする。 2　前時を振り返り，課題を設定する。	○　ボールを落とさない構え方を学習したから，ボールに全然触れずに落とさないことは減ったよ。 ○　でも，得点は取られている。 ○　分かる。ボールが落ちちゃうよね。 ○　どうしたらボールを落とさずに済むのかな。 ○　キャッチできない時があるでしょ。触るだけで。その時の話をしているんだよ。
15	3　試しの場でボールを落とさない方法を試す。 　(1)　グループ 　(2)　全体	○　もう1人がキャッチしたらどう。 ○　なるほど。そしたら，落ちないね。 ○　そんなに強い弾き方したら，取れないよ。 ○　高さも大事じゃないかな。フワッとなるように。 ○　いいことに気付いた。弾いてボールをつなぐと速く攻められる。 ○　確かに速い。 ○　よし，ゲームでもやってみよう。 ○　ぎりぎりのボールはつなごう。 ○　なんか相手の攻撃が速くなってる。準備を早くしておかないとダメだね。
13	4　メインゲームをする。 　（3分×4）	○　速くボールをつなげてみよう。 ○　いけるぞ。前よりつながる。 ○　前よりも，点数を取られにくくなったぞ。
5	5　学習の振り返りをする。	○　弾き方が上手になりました。ぎりぎりがきても大丈夫です。 ○　つなぐことで，もっとできること増えそう。 ○　1回目弾いてたけど，2回とも弾くことをやってみたいなあ。難しそうだけど。
2	6　整理運動と後片付け	○　つなぐとスピードのある攻撃になるぞ。

前時までにボールを落とさないようにするための構えを追究してきました。ボールに触ることはできるようになってきましたが，失点は防ぐことができずに悩んでいる子どもたちが，かろうじて触ることができるようなボールに対して，どのように動けば失点を防ぐことができるかを明らかにしていきます。

主体的・対話的で深い学びを生みだす教師の支援（発問・指示，教材・教具，評価）

○　体が十分にほぐれるような準備運動にするための言葉がけを行う。

○　前時までの学習で，ボールを触らずに落とすことは少なくなっているが，それが失点を防ぐことにつながっていないという事実を取り上げることで，かろうじて触ることができるボールをどのようにすれば落とさずに済むかを追究させる。

ぎりぎりで触れるボールをどのようにしたら失点せずに済むだろう。

○　ぎりぎりで触れるボールをキャッチできずに弾いてしまう悩みをもった子どもにボールを実際に弾く状況をやってもらうことで，ボールを弾いても，その後にもう１人がキャッチすればいいことに気付かせる。

○　弾いたボールをつなぐ動きを試すために，ボールを投げる場所と弾く場所，弾くのは後ろの子どもであることを決めることで，弾く角度や強さに焦点化して話し合いができるようにする。

○　活動がうまくいかないグループには，周りで見ている子どもが一番動き方が見えていることを伝えることで，どのように自分のチームがボールをつなげているのかを捉えやすくする。

○　キャッチすることで攻撃が素早くなるなどのよさに気付いているグループを紹介し，そのよさに気付かせる。

○　メインゲームを行うことにより，試しの場や全体での話し合いで出てきた考えを試す場を設ける。

○　ボールを弾いて素早い攻撃につなげようとする動きを紹介し，よりよい動きを求める意欲につなげる。

○　ゲームに活かせたことやアドバイスでできるようになったことを振り返らせる。

○　できるようになったことが増えてきたことで，作戦を立てようとする意欲が高まってきていると考えられるので，次時に簡単な作戦を立ててゲームをすることを伝える。

【教具】
○　ボール
○　ネット
○　記録用紙

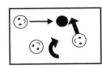

◀━━　ボールの動き
◀━━　子どもの動き

試しの場で出てくると考えられる動き

【評価】
　味方が取りやすいようなボールを返してつなぐことができる。（観察）

登場人物の気持ちの変化を想像し，副音声付ドラマを作ろう（ごんぎつね）

【光村4年下】

　子どもたちは，2学期に「プラタナスの木」を用いて，中心人物マーちんが物語の中の出来事を振り返り，プラタナスの木への気持ちの変化を日記に書く学習を行った。活動の中で生じた問いについて話し合う中で，今後の木の成長に対する希望や期待の気持ちを想像する姿が見られたものの，一人一人の子どもが書いた日記は「おじいさんの言葉がよく分かった」「芽が生えることを楽しみにしている」など表面的なものもあり，問いを解決したことを十分に表現できていたとは言えなかった。このような子どもたちに，登場人物の気持ちやその変化について，一人一人が自分なりの「わたしの問い」をもち，その解決に取り組む中で想像したことを表現に生かせるようになってほしいと願う。

　そのために，本単元では，「ごんぎつね」を副音声の入ったドラマにして保護者の方に紹介する言語活動を設定する。この物語に副音声を書き加えていく中で，叙述にあるごんの言動や想像した気持ちの変化と書き加えた副音声が合っているのかを考えていく。

❶ 単元について

(1)　本単元では，新美南吉の「ごんぎつね」を取り上げる。読んで感じたことを副音声として書き加える活動を通して，登場人物の気持ちの変化を具体的に想像することをねらいとする。

　　本教材「ごんぎつね」は，ひとりぼっちのいたずらぎつねであるごんが，同じくひとりぼっちの兵十へのつぐないを通して，兵十に心を寄せていく物語である。この物語は，ごんに寄り添った視点で書かれていることから，読み手はごんに同化しながら読み進めていくと考える。また，本作品は，ごんについての描写が多いことから，叙述に直接的に書かれないごんの気持ちを詳しく想像することができる。兵十から恨まれる存在であることを知りながら，自分のいたずらへの後悔やつぐないの気持ちだけではなく，さらに兵十と分かり合いたいと変化していくごんの気持ちを想像することのできる教材である。

(2)　「プラタナスの木」を用いて登場人物の気持ちを想像する学習では，プラタナスの木に対する思いを日記に表現した。子どもたちは，活動の中で，台風や木が切られるなどの出来事とおじいさんとのやりとりをもとにマーちんの変化していく気持ちや今後の木の成長に対する期待を想像することができた。本単元では，叙述には直接的に書かれないごんの気持ちをごんの言動をもとに想像し，副音声として書き加える学習を行う。この学習は「初雪のふる日」の登場人物の気持ちの変化を想像し，感想を交流する学習へとつながっていく。

(3)　指導にあたっての留意点は，次の通りである。

①　第1次では，学習課題「登場人物の気持ちの変化を詳しく想像するために，ごんの兵十に対する行動や会話文をつなげて読み，副音声付きドラマを作ろう」を設定する。この課題を解決することで登場人物の気持ちの変化を想像する力を身に付けるということと，解決のた

めに言動やその変化に着目する読み方を，既習の作品「モチモチの木」で確かめる。

② 第2次では，子どもたちに読んで想像したごんの気持ちやその変化を副音声として本文に書き加えさせていく。子どもたちの振り返りや問いの発展・更新の状況を毎時間集約したものを配付し，活動の状況や子どもたちのもつ「わたしの問い」を全体で共有する。子どもたちが書き加えた副音声から考えのずれを取り上げて，話し合ったり，全体で「わたしの問い」を解決したりすることを通して，書き加える副音声をよりよいものにしていく。

③ 第3次では，単元を通して身に付けた力を子どもたちが実感できるようにする。そのために，新美南吉作「手袋を買いに」を読んで想像した気持ちの変化を副音声として書く活動を行う。第三者の立場から副音声を書くことで，子ぎつねの気持ちの変化を自分の言葉で表現することができるかどうかを教師が見取り，子どもたちにコメントを返していく。

② 単元の目標

(1) 気持ちを表す語句の量を増やし，副音声を書く中で使うことができる。

(2) 登場人物の言動をつなげて読むことで，ごんの兵十に対する気持ちやその変化を具体的に想像し，副音声としてドラマの台本に書き表すことができる。

(3) ごんの兵十に対する気持ちやその変化について，読んで気付いたことや友達との話し合いから分かったことを進んで副音声に生かそうとしている。

③ 指導計画（14時間取り扱い）

学習活動	主体的・対話的で深い学びを生みだすための教師の支援	時間
1 単元で学習課題を共有し学習の見通しをもつ。	○ 「モチモチの木」を用いて教師が書いたモデル文をもとにして，身に付けるべき力とドラマをどのように作っていくのかを共有し，子どもたちが自ら活動を進めて行けるようにする。	2
2 「ごんぎつね」の副音声付ドラマを作る。	○ 「わたしの問い」を表にして配付し，活動をよりよくするための問いについて考えさせ，問いを発展・更新させていく。 ○ 子どもたちの「わたしの問い」や振り返り，副音声の書き込みをもとにごんの気持ちやその変化を話し合ったり，書き直したりしながらドラマの台本を作っていく。 ○ 根拠となる叙述を明らかにすることや自分と重ねて読むことなど，問いを解決するための方法や考え方を，振り返りの記述に書かれたことや子どもの活動から見取り，全体で共有する。	10 本時 6／10
3 単元の学習を振り返る。	○ 新美南吉作「手袋を買いに」に副音声を入れる活動から，学んだことを別の物語で生かせるか見取っていく。	2

❹ 本時の学習

(1) 目標

「かげぼうしをふみふみ行きました」の後の副音声について話し合うことを通して，ごん
の気持ちの変化を想像し，考えていた副音声を見直すことができる。

(2) 展開

時間	学習活動	子どもの思い・姿
10	1 前時までの学習を振り返る。	○ 「かげぼうしをふみふみ行きました」の後に入れる副音声を話し合っていたんだ。ごんは，ひどい目に合うんじゃないかっていう気持ちもあると思うんだけど「兵十のことが気になる」って副音声を入れる考えもあってまとまらないんだ。
15	2 副音声でうまく表すことのできないごんの言動やその時の気持ちについて話し合う。	○ 「ひどい目にあう」という気持ちに賛成です。兵十は火縄銃で撃つくらい，憎んでいるんだから近くに行ったら危ないでしょ。ごんが命の危険を感じているのは，その通りだと思う。
		○ ぼくたちは，ごんがずっと兵十を待ったり，後をついて行ったりしているから「やっぱり兵十のことが気になっている」と書くつもりだったんだ。でも，話を聞いていて，ごんは憎まれていることも知っているだろうし，何と書くか迷うな。
		○ それまでは陰に隠れていたり，後をついて行ったりしていただけなのに，この時はかげぼうしをふめる所まで来ているんだよね。どんどん近づいているって，それくらい兵十のことが気になっているんだと思うよ。
		○ 「えっ。」って驚いたり「つまらないなあ」って言ったりしている。分かってほしいのに，うまくいかなくて，驚いているんだよ。つぐないや気付いてほしいだけでなく，兵十への願いが出てきているから，かげぼうしをふみふみ行ったんだよ。
12	3 話し合ったことを自分たちの活動に生かせないか見直したり，書き直したりする。	○ ごんは，つぐないだけでなく，兵十に近づきたい気持ちが強くなっているよ。「かげぼうしをふみふみ行きました」の後には「ごんは，兵十が自分のことを分かってくれると思いたい」って入れ直そう。
8	4 本時を振り返る。	○ ごんの兵十への気持ちを話し合った。ごんの「つまらない」っていう言葉や近くにいることから「つぐない」だけでなく「分かってくれると思いたい」という願いに変わってきていることが分かった。次も変わっていく気持ちを副音声に入れたい。

「ごんぎつね」の副音声付きドラマを書く中で，ごんの言動から気持ちの変化を想像してきた子どもたち。本時は「かげぼうしをふみふみ行きました」の後の副音声について，考えのずれを取り上げます。ひどい目に合うかもしれない状況の中，兵十に気付いてほしいと変化していくごんの気持ちの変化を考えます。

主体的・対話的で深い学びを生みだす教師の支援（発問・指示，教材・教具，評価）

○　ごんの「兵十のかげぼうしをふみふみ行きました」の後に入れる副音声についての「わたしの問い」で，グループ内の考えのずれを取り上げ，全体に投げかけることで本時の課題を設定する。

「かげぼうしをふみふみ行きました」の後にはどのような副音声を入れればいいだろうか。

○　物語中のごんや兵十の言動や気持ちの変化についての発言があれば，全文教科書を線でつなぎ，変化が視覚的に捉えられるようにする。

○　2つの考えに絞るのではなく「兵十のかげぼうしをふみふみ行きました」の後に適切な副音声を考えていくことを全体で確かめる。

○　兵十や他の百姓からみたごんの立場を考えている子どもの発言について板書し，気付かれたら命をとられるかもしれない立場であることを確かめることで，それでも兵十の話を聞こうとするごんの気持ちを考えていけるようにする。

○　ごんのいる場所が兵十に近寄っていっていることに着目した子どもの発言に対して，ごんと兵十の物理的な距離や兵十の近くでの行動が分かる叙述を問い返すことで，ごんの「兵十に近づきたい」という思いや「兵十に自分の存在を分かってほしい」という期待があることに気付けるようにする。

○　「驚く」や「分かってほしい」など，ごんの気持ちを表す言葉については，色を変えて板書したり，生活経験について問い返したりすることで，言葉の意味や具体的な使い方を理解させ，自分たちの副音声で書く時にも使えるようにする。

○　それまでにはなかった兵十への思いや期待についての発言があれば，その根拠や理由を問い返し，⑤場面の「えっ」や「つまらないなあ」，「引き合わないなあ」といった言葉に着目できるようにする。

○　教材文を拡大したものの中に，ごんの気持ちを書き込み，その変化が視覚的に分かるようにすることで，グループの活動に返った時に活用できるようにする。

○　板書やシートへの書き込みについて，全体で話し合ったことをグループの中で確かめさせ，自分たちの書いているものを振り返らせてからグループの活動に戻す。

○　想像したことをうまく言葉に表せない時には，国語辞典や類語辞典，気持ちを表す言葉を集めた本をもとに考えたことに合った言葉を選べるようにする。

○　国語の記録では，自分が何を考え，誰の発言やどの叙述に注目して，何が分かったのかを書かせる。また，問いが発展・更新した場合も書くことで次時の学習につながる振り返りになるようにする。

【評価】

「兵十のかげぼうしをふみふみ行きました」というごんの気持ちを想像し，自分の副音声を見直したり，書き直したりしている。

6 自然災害から人々を守る ～くまもとを守る，子ども防災士になろう！～

　毎日の生活の中にある事象を当たり前として捉えている子どもたち。暮らしを支える仕事は大人がやること。他人事であり，その背景にある地域の関係機関や人々の工夫や努力，政治の働きに気付いていない。つまり，自分と社会や政治との結び付きが見えていないのである。

　そこで「自分事の追究」へ誘う単元構成を提案する。その中で，自分たちの暮らしがどのように形成されているのかを多面的・多角的に捉えながら，社会の一員として今何ができるのか考え，これから生きていく社会をよりよいものにしようとする態度を育んでほしいと願う。

　そのために，一人一人が「子ども防災士」として社会へのかかわり方を選択・判断する活動を仕組む。子どもたちは「子ども防災士」になるために「何を解決していけばよいか」「どのように調べるとよいか」単元の道筋を自ら考え追究し始める。その過程において，自然災害から人々を守る活動の特色や意味を考察し，自分と社会や政治との結び付きを捉えさせていく。

1 単元について

(1)　本単元では，自然災害から人々を守る活動について追究することを通して，地域の関係機関や人々は自然災害に対し様々な協力をして対処してきたことや，今後想定される自然災害に対し様々な備えをしていることについて理解させることをねらいとしている。

　本実践では，「子ども防災士」を構想活動として取り扱う。「防災士」とは，NPO法人日本防災士機構が認証する民間資格である。阪神淡路大震災後，防災・減災を目指し「助けられる人から助ける人へ」というスローガンの下，地方公共団体や教育機関での研修など様々な活動を行っている。それは，自然災害において尊い命が失われている状況の中，「自分たちにできること」を行う自助・共助の仕組みを講じることを目的としている。

　自然災害が多発する今，子どもたちには，自分たちにできることを見いだしてほしいと願う。そのために，単元前半では，自然災害から人々を守る活動を多面的・多角的に見ながら考察し，後半では，「子ども防災士」として社会へのかかわり方を選択・判断（構想）する活動を組み込んだ単元を構成する。この学びの中で，自然災害から人々を守る活動の意味を社会の状況や政治の働きと関連付けながら捉えさせる。そして，よりよい社会の実現に向けて，社会の在り方や自己の働きかけを粘り強く考えていく子どもを育んでいく。

(2)　子どもたちは，「地域の安全を守る働き」や「人々の健康や生活環境を支える事業」について学習してきている。本単元で，「自然災害から人々を守る活動」について学習することは，第5学年「我が国の国土の自然環境と国民生活との関連」の学習へとつながっていく。

(3)　指導にあたっての留意点は，次の通りである。

①　第1次では，2018年今年の漢字「災」を提示し自然災害に対する今の捉えを表出させる。そして，自然災害やそれから人々を守る活動について話し合わせ，主題を設定する。

② 第2次では，自然災害やそれから人々を守る活動について調べさせ，それらの特色や意味について，暮らしや政治の働きと関連付けながら話し合わせる。そして，関係機関や人々の工夫や努力，政治の働きが自分たちの暮らしを支えていることを具体的に捉えさせる。

③ 考察していく過程で生まれた子どもの問いを取り上げ，「今のままで，本当に自然災害から命を守ることができるのだろうか」という課題を設定する。

④ 本時の学習では，課題に対して肯定派，否定派それぞれの子どもが，助ける人，助けられる人といったどの立場から発言しているのかを明らかにしながら話し合いを進めさせる。そして「子ども防災士」の必要性を問い，自然災害から人々を守る活動を暮らしとの結び付きの視点から捉え直すことで，社会の一員としての自分の価値を見いださせていく。

❷ 単元の目標

(1) 熊本県内で発生した自然災害やそれから人々を守る活動について，聞き取りをしたり資料で調べたりする活動を通して，地域の関係機関や人々が，様々な協力をして対処してきたことや今後想定される自然災害に対して様々な備えをしていることを理解することができる。

(2) 熊本県内で発生した自然災害，地域の関係機関や人々の協力などに着目して，自然災害から人々を守る活動を捉え，その働きを考えたり表現したりすることができる。

(3) 自然災害から人々を守る活動について意欲的に追究し，社会の一員として自分にできることを考え，実践しようとする。

❸ 指導計画（12時間取り扱い）

学習活動	主体的・対話的で深い学びを生みだすための教師の支援	時間
1　主題を設定し，単元の見通しをもつ。	○　資料を提示し，熊本県内で発生した自然災害について話し合わせ，自然災害と暮らしを結び付けて追究できる主題を設定する。	2
	わたしたちの熊本「防災」　くまもとを守る，子ども防災士になろう！	
2　熊本県内で発生した自然災害や，それから人々を守る活動について追究する。	○　熊本県内で発生した自然災害について，関係機関を見学したり各種資料で調べたりする時間を設定する。 ○　自分たちの暮らしの背景にある関係機関や人々の工夫や努力，政治の働きを捉えさせるために，立場や根拠を明らかにした話し合いを促す。	7 本時 7／7
3　防災未来会議を開き「子ども防災士」として熊本の防災について話し合う。	○　これまで学習した内容や調べたこと，生活経験をもとに「子ども防災士」として今自分たちにできることを考えさせる。 ○　防災未来会議を開き，評価シートを用いて相互評価させる。また最終提案を防災士の方に価値付けてもらう。	2
4　まとめをする。	○　単元を通しての学びを振り返らせる。	1

❹ 本時の学習

(1) 目標

　　どんな「子ども防災士」になりたいのか選択・判断することを通して，自分が社会とつながることの意味を，これまで学習してきたことをもとにして説明することができる。

(2) 展開

時間	学習活動	子どもの思い・姿
3	1　これまでの学習を振り返り，本時の課題をつかむ。	○　「今のままで本当に自然災害から命を守ることができるのか」について話し合うんだね。 ○　みんなどう考えているのかな。
20	2　課題について話し合う。	○　私は守ることができると思う。だって，学校でも避難訓練しているでしょ。自分の命は自分で守らないといけないからね。 ○　それに熊本地震の時に地域の人と協力できたよね。災害が起きても対応できるはずだよ。 ○　でも，自然の力はすごいでしょ。止められないよ。毎年多くの人が亡くなっているよね。 ○　だから，早く避難することが大切なんだ。熊本市がホームページやメールで情報を住民に伝えるサービスをしていたよね。 ○　自然の力がすごいことも，守る活動が行われていることも分かるんだけど…。 ○　人に頼るだけじゃなくて，自分たちにできることもやらないといけないよね。
15	3　自然災害と自分とのかかわりについて考え，話し合う。	○　ぼくは防災グッズを準備しておくよ。熊本地震の時，何も準備してなくて困ったからね。 ○　私は避難経路や場所を確認しておくことが大切だと思う。下校中や家ではどうすればいいのか分からないと困るよね。 ○　早く避難しないといけないから，情報を知ることが大切だよ。だから，すぐ調べられるようにしておくことが大切だと思うな。 ○　私は自然災害の恐ろしさを伝えることが大切だと思うから，もっとくわしく調べるよ。どんな災害が起こりやすいかも。
7	4　本時の学習を振り返る。	○　1つに絞るのは難しい。自助，共助，公助どれも防災につながる必要なものだと思った。 ○　たくさんの人々に支えられて，自分たちの暮らしが守られていることが分かった。これから自分にできることを考えて実行していきたい。

自然災害を自分事として捉え，人々を守る活動について追究してきた子どもた
ち。だからこそ「本当に自然災害から命を守ることができるのか」という疑問を
もっています。本時では，これまでの学びをもとにした話し合いを経て，これか
ら「何を大切にして」自然災害と向き合っていくのか選択・判断していきます。

主体的・対話的で深い学びを生みだす教師の支援（発問・指示，教材・教具，評価）

○　前時の振り返りをまとめた座席表シートを配付し，お互いの考えや根拠の違いを明らかにさせ，本時の課題を確認する。

今のままで，本当に自然災害から命を守ることができるのだろうか。

○　前時の自分の考えを，黒板にネームカードを貼って示し，子どもの立ち位置を明らかにしておく。

○　肯定派，否定派の考えを分けて取り上げ，その考えや根拠の妥当性をみんなで話し合っていく活動を仕組む。その際，自分の考えの根拠となる資料を提示しながら発言させる。また，これまで調べた資料をファイルにまとめさせておき，いつでも提示できるように準備させておく。

○　子どもが，自分の考えをどのような視点で見て，どのような考え方をして導き出したのかを明らかにするために，板書で色分けしたりカードに書いたりして整理していく。

○　話し合いの中で「迷っている。」と将来の暮らしに不安のある子どもや，「自分たちにできることに取り組む。」という内容の子どもの発言を取り上げ，主題に立ち返らせる。

わたしたちの熊本「防災」　くまもとを守る，子ども防災士になろう！

○　単元の導入時に考えた「附属小子ども防災士」の構想シートを再度提示し，自分が何を根拠としてその防災士になるのか振り返らせる。そして，どのような視点や立場からの考えなのかを明らかにするために，問い返したり板書で整理して可視化したりする。

○　ただ防災士になるということが目的ではなく，これまで学習してきた自然災害の発生状況，関係機関や人々の工夫や努力について再度考えさせる。その際，自分たちの暮らしや政治の働きと関連付けて考えさせるために，写真等の資料を準備し，必要に応じて提示する。

○　「本当にその防災士は必要なの？」と問い返したり，どの防災士が一番よいという考え方ではなく，命を守るためにはどの防災士も必要だと考えている子どもに発言を促したりする。そして，これまでの学習を振り返らせ，自分の考えを優先するだけでなく，みんなの安全を考え，折り合いをつけ選択・判断することも大切だということに気付かせていく。

○　「防災」を通して人と人とがつながり，自分たちの暮らしがよくなるように工夫や努力，政治が行われているという事実を振り返らせ，社会の一員としての自分の価値を見いださせる。

○　考えの変容と，友達の考えについて記述するように指示し，自分の思考過程を振り返らせる。

【評価】
　「子ども防災士」の設定理由やその過程で考えたことを，これまでの学習をもとにして，自分の言葉で説明することができる。（ワークシート）

7 探れ！水のすがた～透明な氷を作り出せ～

多くの子どもたちは，これまで水の温度を変えることにより水が変化していく様子を家庭生活の中で目にしている。例えば，お湯を沸かしたり，冷凍庫で氷を作ったりする経験である。このように，水の変化は子どもたちにとって身近であり，温めたり冷やしたりすることから，これらの変化に温度が関係していると考えている子どももいる。しかし，水が凍ったり水蒸気になったりする現象を質的な変化として見ている子どもは少ない。そこで，温度を変えた時の水の変化の様子にじっくりと目を向けて，そこで何が起こっているのか自ら追究し，話し合いを通して考察を深めていってほしいと願う。

そのために，本実践では，より透明度の高い氷を作ることを単元のゴールとして設定する。子どもたちにとって機械を使わずに氷を作ることは難しいことである。苦労して凍らせることができても，透明な氷ができないという「壁」にぶつかる。それを解決する過程で，水の中の空気を追い出せば透明な氷ができるという事実に出合い，沸騰させる必要性に気付いていくだろう。そして，沸騰すると水が減るという気付きから，水が外に出ていったのではないかと考えることによって，水の変化を質的・実体的な見方を働かせながら調べていけるようにする。

❶ 単元について

(1) 本単元は，水の状態に着目し，温度の変化と関係付けて水の状態の変化を調べることを通して，水の性質についての考えをもつことをねらいとしている。また，温度を変えた時の水の体積や状態の変化について，既習の内容や生活経験をもとに，根拠のある予想や仮説を発想し，水は温度によって水蒸気や氷に変わることを捉えることもねらいである。

(2) 子どもたちは，これまでに第4学年「水と温度」の単元で，水を温めると体積が大きくなること，水は熱したところが温まり，その温まった水が移動していくことで全体が温まることを学習している。本単元は，「粒子」についての基本的な見方や概念を柱とした内容のうちの「粒子のもつエネルギー」にかかわるものであり，中学校第1学年「状態変化」の学習につながるものである。

(3) 指導にあたっての留意点は，次の通りである。

① 単元の導入では，透明な氷を作りたいという思いを持ち続けられるように，初めに教師が作成した透明な氷を提示する。すると，凍らせれば氷は透明になると思っている子どもたちはすぐに水を凍らせ始めるが，自分たちで作った氷はなかなか透明にはならない。その事実を取り上げ，主題「とう明な氷を作り出すにはどうすればよいのだろうか。」を設定する。この主題を解決するために自分なりの仮説をもち，それを解決するための方法を考えて実験に取り組むことで，水の性質を追究できるようにする。単元の終末では，実験したことを生かすために，一人一人が「オリジナルとう明氷」を作る活動に取り組む場を設定する。

② 寒剤を使って氷を作る方法や水蒸気を集める方法など，子どもたちが考え出すことが難しい場合は教師から提示し，水の状態変化に目を向けられるようにする。実験方法を考える場面では，考えた方法を出し合い，全体で検討する場を設定することで，それぞれのグループで実験方法を考える手助けになるようにする。

③ 本時では，より透明な氷を作るためには，沸騰させた水と水蒸気を冷やして取り出した水のどちらがより透明な氷ができるのかを考える場を設ける。ここでは，沸騰させることで水蒸気と一緒に空気も外に出ていっていると考えているグループと水蒸気を水に戻したので空気は含まれていないと考えているグループの2つの考えを取り上げる。そして，自分の考えをモデルに表すことで，実験結果や生活経験をもとに根拠のある予想ができるようにする。

❷ 単元の目標

(1) 水は温度によって液体，気体，固体に状態が変化すること，水が氷になると体積が増えることを理解し，観察・実験などに関する基本的な技能を身に付けることができる。

(2) 自分たちの仮説を確かめるための観察・実験を考え，水の状態を温度の変化と関係付けながら考察し，表現している。

(3) 自分たちの実験結果だけでなく，友達の実験方法や結果を取り入れながら，より透明な氷を作ろうとしている。

❸ 指導計画（7時間取り扱い）

学習活動	主体的・対話的で深い学びを生みだすための教師の支援	時間
1 水を凍らせる実験を行い，主題を設定する。	○ 透明な氷を提示し，こんな氷を作りたいという思いをもたせる。 ○ 水を凍らせる体験を行い，教師が提示した氷との透明度の違いから，主題を設定する。	2
2 凍らせたり，沸騰させたりする実験を行い，水の性質について調べる。	○ 見通しをもって問題解決ができるように，水の性質についての仮説を立て，調べる方法を自分たちで考えて実験に臨むようにする。 ○ 各グループの水を温めたり冷やしたりした時の温度変化を1つのグラフに表し，その時の水の状態を書き込むことで，沸点や凝固点を視覚的に捉えられるようにする。 ○ 温度を変えた時の水の様子をモデル図に表すことにより，その変化の様子を視覚的に捉えられるようにする。	4 本時 3／4
3 透明な氷づくりをする。	○ 実験してきたことを活かす場として，自分の「オリジナルとう明氷」を作る時間を設定する。	1

❹ 本時の学習

(1) 目標

　沸騰させた水と水蒸気を蒸留して得られた水のどちらの方が透明な氷を作ることができるか話し合うことを通して，沸騰した時の水の変化を予想し，表現することができる。

(2) 展開

時間	学習活動	子どもの思い・姿
15	1　沸騰させた水と，蒸留して得られた水のどちらが透明な氷を作ることができるか話し合う。	○　透明な氷にするためには，空気が水の中に入っていなければいいはずだよね。だから，沸騰した時の水蒸気の中には空気は入っていないはずなので，水蒸気を冷やして出てきた水の方が，透明な氷になると思うよ。
		○　沸騰する前は小さな空気の泡が外に出ていっていたので，沸騰させた水の方が透明な氷になると思うよ。
		○　沸騰する前だけじゃなくて，水がぶくぶくと水蒸気になっている時も水の中に溶けている空気が出ていっていると思うから，沸騰させた水の方が透明な氷ができると思うよ。
		○　水蒸気を水に戻す時に，試験管の中の空気とも触れるからまた水の中に空気も入っていくんじゃないかな。
		○　どっちが透明になるか，試してみないと分からないよね。
25	2　自分たちが立てた予想をもとに，グループごとに透明な氷を作る実験をする。	○　沸騰させた方が水蒸気になるのと一緒に空気も出ていくはずだから，なるべく長い時間沸騰させておいた方がいいんじゃないかな。水が半分くらいになるまで，沸騰させよう。
		○　水蒸気を水に戻した方が透明になると思うけど，水を集めた後に容器を移し替えたりするとまた空気が入ってしまうかもしれないから，なるべく動かさないように試験管に水を集めるようにしよう。
		○　片方だけ調べてもどっちが透明なのか分かりにくいので，沸騰させた水と水蒸気を冷やして集めた水の両方を凍らせて比べないといけない。
		○　まだ完全には凍っていないけど，沸騰させた水は泡が入っていないので，透明になりそうだ。水蒸気を冷やした水は，氷の中に少し空気が入っているような気がする。
5	3　本時の学習を振り返る。	○　予想していた通り，沸騰する時に水蒸気と一緒に水の中の空気も出ていっているようだ。

透明な氷を作るためには水蒸気を冷やしてできた水を使った方がいいのか，沸騰させた後の水を使えばいいのか迷い始めた子どもたち。今までの実験や生活経験をもとに，根拠のある予想を立て，それを実証するために実験方法を考えながら透明な氷を作っていきます。

主体的・対話的で深い学びを生みだす教師の支援（発問・指示，教材・教具，評価）

○　前時の振り返りの中で，透明な氷を作るためには水蒸気を冷やして得られた水の方がよいという考えと，沸騰した後の水を使うという考えの2つを取り上げることで，本時の課題を設定する。

とう明な氷ができるのは，水じょう気を冷やした水，ふっとうさせた水のどちらだろうか。

○　それぞれのグループの実験結果を全体で共有できるように，結果を付箋紙などに記入し，模造紙に貼り付けるようにする。その時に，文字だけではなく矢印や簡単なモデル図を入れるように促すことで視覚的に変化の様子が捉えやすいようにする。

○　ビーカーの中の水の様子を捉えやすくするために，ビーカーを大きくした模型を準備する。中の様子を説明する時には，平面ではなく，立体的に見ながら水の変化の様子を説明できるようにする。

○　説明に使ったモデルや矢印などを，水蒸気や空気の動きに分けて板書することで，水の変化の様子が捉えられるようにする。

○　水蒸気と空気が混同している時には，何のことを話しているのか問い返すことで，発言を整理できるようにする。

○　全体での話し合いをもとにグループで考えをまとめて実験に移ることができるように，グループごとに話し合う場を設定する。

○　沸騰して出てくる水蒸気は高温になっているため，沸騰しているところに顔を近づけないことや袋をさわる時に手袋をはめる，実験は立って行うなどの安全面の指導を徹底しておく。

○　どちらの水が透明な氷になるか悩んで実験に移れないグループには，より水の中の空気が少ないのはどちらか問うことで，実験内容を決定できるようにする。

○　机間指導を行いながら，自分たちが調べたいことに合わせて，温める水の量を決めることができるようにアドバイスをする。

○　自由に他のグループを観察できるようにすることで，自分たちと違う方法で実験をしているグループの結果と自分たちの結果を比べながら，透明な氷を作る方法について考えることができるようにする。

○　学び方の指標を使って，本時の学びを振り返ることで，次時の問題解決に生かしていけるようにする。

【教材・教具】
○　大きなビーカーの模型
○　ビーカー
○　試験管
○　ビニル管
○　ビニル袋
○　実験用コンロ
○　氷
○　ゴム栓
○　漏斗
○　ストロー
○　冷凍庫

【評価】
　これまでの実験や生活経験から，より透明な氷を作るためにはどちらの水がよいか予想し，それを確かめるために，実験方法を考えながら活動することができる。（観察・ノート）

健康すくすくプロジェクト～ぼく・わたしの未来予想図～（育ちゆく体とわたし）

【東書4年】

　身長の伸びや体重の増加に一喜一憂する子どもたち。しかし，子どもたちの様子から，これまでの成長の過程やこれから迎える心や体の変化を，具体的に捉えられていないと感じることもある。また，すでに健康や発育・発達につながる行動を知ってはいるものの，その行動の意味を理解しておらず，必要性を感じていない子どもが多い。そのため，心や体の変化に不安や戸惑いを感じたり，よりよい発育・発達のための行動を簡単にやめたりすることもあるだろう。

　子どもたちには，これから起こる二次性徴への見通しをもち，よりよく成長していこうとする意欲をもって生活してほしいと願う。そこで，これまでの自分の行動のよさに目を向け，行動と自分の成長とのつながりに気付かせることで，さらなる行動変容へとつなげたい。

　本実践では，10年後の自分の姿をイメージし，その姿に近づくために，健康に，よりよく発育・発達していくための方法を考えていく。行動と発育・発達とのつながりに目を向けながら，プロジェクトチームからの提案や友達とのかかわり合いを通して，自分に必要な行動を考えることで，よりよく発育・発達するための方法を粘り強く探っていく子どもの姿を目指す。

① 単元について

(1)　本単元では，体の発育・発達について，その一般的な現象や思春期の体の変化について，また，体をよりよく発育・発達させるための生活の仕方について理解し，よりよい自分に近づくための方法を考え，それを表現できるようにすることをねらいとしている。

　　本実践では，「運動」「食事」「休養・睡眠」などの行動と，健康や発育・発達とのつながりについて考え，それぞれの行動の意味や必要性，これまでの成長につながったと考えられる日常の何気ない行動のよさに気付かせたい。そして，これまでの成長の様子やこれから迎える二次性徴について理解することで，10年後の自分の姿をイメージさせ，目指す自分の姿に近づくために，どのような行動が必要かを考え，行動変容へつなげられるようにする。

(2)　第3学年の保健学習「健康な生活」では，モデル（共通の土台）や自分の生活の課題やその解決の方法を見つけ，健康な生活を継続していく意欲や態度を身に付けるために，「健康アップカード」などを用いて実践的な活動を行ってきた。そして，本単元では，思春期の体や心の発育・発達について理解するとともに，よりよく育つためには健康に気を付けた生活を送ることが大切であることを学習する。これは，第5学年の保健学習「けがの予防」や「心の健康」においての，自分たちの健康を守る行動を考えていく学習につながっていく。

(3)　指導にあたっての留意点は，次の通りである。

①　第1・2時では，一人一人のこれまでの身長の伸びや身近な大人の思春期以降の身長の伸びを視覚的に示すことで，今後の発育・発達にも目を向けさせ「健康すくすくプロジェクト」につなげる。また，発育・発達に関係していると予想した「運動，食事，睡眠」等の行

動が与える影響について調べたり考えたりしたことを交流し，それぞれの行動の意味や必要性，これまでの自分の成長につながった日常の何気ない行動のよさを理解できるようにする。

② 第3・4時では，二次性徴による体の内外に現れてくる変化や個人差について考えたり，二次性徴のメカニズムに関する資料を提示したりすることで，思春期の心身の変化を自分事として捉え，今後の体の発育・発達について肯定的に受け止めることができるようにする。

③ 第5時では，目指す自分の姿（将来の夢や目標）を明確にするために，10年後の未来予想図を作成させる。そして，目指す自分の姿に近づくために必要と考えている「運動，食事，睡眠」について，プロジェクトチームを作って，今，何ができるかを具体的に考えていく。

④ 本時では「運動」「食事」「休養・睡眠」のそれぞれの行動の意味や必要性について調べたり考えたりしたことをもとに，プロジェクトチームから具体的な方法を提案し合う。その提案をもとに，目指す自分の姿に近づくために必要な行動を具体的に考えたり，交流したりすることで，できることを継続することが生涯の健康につながることを理解できるようにする。

② 単元の目標

(1) 思春期には，初経，精通，変声，発毛が起こったり，異性への関心が芽生えたりし，これらの変化は大人の体に近づく現象であることを理解できるようにする。また，発育・発達の仕方や時期には，個人差があることを理解することができる。

(2) 体のよりよい発達には，調和のとれた食事，適切な運動，十分な休養・睡眠が必要であることを理解し，自己の生活と比較・関連付けて適切な方法を考え，表現することができる。

(3) よりよい発育・発達のために必要な行動を実践していこうとする意欲をもつことができる。

③ 指導計画（体育科保健領域4時間＋特別活動（学級活動）2時間　計6時間取り扱い）

学習活動	主体的・対話的で深い学びを生みだすための教師の支援	時間
1 成長にかかわる行動を考える。（学活）	○ これまでの成長を振り返り，命の尊さや，体の成長につながった行動について考えることができるようにする。	1
2 行動と体の成長のつながりを考える。	○ 行動と体の成長とのつながりを考え，行動の意味や必要性を理解することで，自分の体を成長させてきた行動のよさに気付かせる。	1
3 思春期に起こる体の変化を考える①	○ 自分と，友達や身近な大人の成長の様子と比べることで，成長の仕方に個人差や男女の違いがあることを理解できるようにする。	1
4 思春期に起こる体の変化を考える②	○ 二次性徴のメカニズムを科学的に捉えさせることで，命を継承するための変化でもあることを理解させる。	1
5 未来予想図を作成する。（学活）	○ 未来予想図を作成させ，目指す姿に近づくためのプロジェクトチームを作って，具体的な方法を考えられるようにする。	1
6 よりよく発育・発達する方法を考える。	○ それぞれのプロジェクトチームからの提案をもとに，よりよく発育・発達するための方法を考えることができるようにする。	1 本時

❹ 本時の学習

(1) 目標

　各チームからの提案をもとに，体をよりよく発育・発達させるための方法を考えて交流する活動を通して，よりよい発育・発達に向けて何ができるかを考え，伝え合うことができる。

(2) 展開

時間	学習活動	子どもの思い・姿
20	1　それぞれのプロジェクトチームから，よりよく発育・発達するための方法を提案する。	○　食事，運動，睡眠…全部大切なのは分かったよ。でも，突然，全てを完璧にはできないんだよなあ。 ○　少しずつでも取り組めることはないか考えよう。 ○　睡眠をとると，身長を伸ばしたり，内臓や筋肉を発達させる成長ホルモンが出るから，やるべきことを早く済ませて，10時までに寝るようにしよう。 ○　習い事で帰りが遅い人は，9時に寝るのは難しいよね。でも，寝る時の環境を整えて，睡眠の質を高めることはできる。 ○　運動して，筋肉をつける必要があるよ。みんな登下校で毎日歩いたりすることはできているけど，さらに，みんなで遊ぶ日を作ったらいいんじゃないかな。 ○　骨に力が加わると，新しい骨を作る働きが活発になって，丈夫になるから，走ったり跳んだりする運動をしたらいい。 ○　食事で栄養をとることは，体の成長や，丈夫な体を作ることにつながるから，1日3食食べることや，嫌いなものも一口でも食べることは続けたい。
20	2　体をよりよく発育・発達させるための方法を考える。 (1)　自分の考えをまとめる。 (2)　グループで考えを出し合い交流する。	○　自分の生活に取り入れていけそうなことが分かってきた。 ○　9時は無理でも，しなければならないことを先にしておいたり，帰ってからの行動を素早くすれば，15分くらいは早く寝られるような気がするな。 ○　外遊びや登下校で運動はしているけれど，みんなで遊ぶ日があると，楽しくたくさん運動できるな。 ○　ぼくは，牛乳が苦手だけど，給食では頑張って飲むよ。
5	3　単元の学びを振り返る。	○　今まで，意識せずにしていたことがあったけど，友達の提案を聞いて，もう少し気を付けて生活できそうなところが分かったよ。 ○　目指す自分の姿に向かって，できるところから少しずつやっていくことが大切だね。

10年後の自分の姿をイメージして，未来予想図を作成した子どもたち。行動と発育・発達とのつながりに目を向けながら，それぞれのプロジェクトチームからの提案や，友達とのかかわり合いの中で，自分に必要な行動を考え，よりよく発育・発達するための方法を探っていきます。

主体的・対話的で深い学びを生みだす教師の支援（発問・指示，教材・教具，評価）

○　これまでの学習を振り返り，自分の目指す姿を確認することで，その姿に近づくために，よりよく発育・発達していこうとする意欲を高めることができるようにする。

　　「ぼく・わたしの未来予想図」に近づくために，今，自分に何ができるかを考えよう。

○　「運動」「食事」「休養・睡眠」について，よりよく発育・発達するための方法をグループごとに提案（各2分以内）させることで，同じテーマでも違う視点からの提案が出やすいようにする。

○　調べてきたことをもとに考えを出し合い，その行動のよさに立ち止まらせることで，自分が気付いていなかったよさにも気付くことができるようにする。

○　思いだけの発表ではなく，自分が調べた情報を根拠にして，提案できるように促す。根拠が出ない場合には「どのように体の発育・発達につながっているのか」などの問い返しをする。

○　これまでの経験，または本やインターネットで調べた情報など，自分の考えの根拠になったものを明確にさせることで，提案内容が妥当であることを示すことができるようにする。

○　提案内容について疑問を抱いている子どもがいる場合は，その疑問を取り上げることで，提案内容やその意図を全員に広げることができるようにする。

○　子どもたちが考えた行動ごとに科学的な視点からの資料を用意しておき，子どもから明確な根拠が出ない場合には，教師側から，科学的根拠となる「睡眠と成長ホルモンの関係」等の資料を提示することで子どもの考えを補い，行動と体の発育・発達との関係をよりくわしく理解できるようにする。

○　自分のプロジェクトチーム以外の発表で，自分の生活に活かしたいと思った内容や，心に残った内容を記録させておくことで，自分がこれまで気付かなかった行動のよさや，取り組むことができそうな内容を参考にして考えることができるようにする。

○　自分のこれまでの発育・発達につながった行動のよさを確認させ，よりよく発育・発達して，自分の目指す姿に近づくために，今，何ができるのかを考えることができるように促す。

○　自分の生活と結び付けられていない子どもには，生活チェックシートで振り返ったり，グループで一緒に探したりするように促し，自分の生活スタイルに合った方法を考えることができるようにする。

【評価】
　体をよりよく発育・発達させるためにできることを考え，伝え合うことができる。（ワークシート）

○　全体の場で，単元を振り返って感じた内容を発表させることで，自分の行動のよさや今できていることを継続したり，これまでより少しだけでも発展させたりすることが，自分の成長や生涯の健康につながっていくことを理解できるようにする。

9　めざせ！かしこい消費者
〜上手に使おう　お金と物〜

　子どもたちは，家庭生活を送る中で様々な買い物の経験をしている。子どもたちが自分で商品を購入する際，見た目が気に入った物や流行している物かどうかで判断し，購入していることが多い。そのため，購入する際には，本当に必要な物なのか，価格に見合う物なのか，使いやすい物なのかなど十分な検討をしているとは言えない現状がある。このようなことから，購入後あまり使わなかったり，自分が思っていた物と違っていたり，使いにくかったりするといった買い物の失敗を経験している。

　そこで，商品を選ぶ際に，使い勝手，品質，購入場所などの観点をもとに検討して購入することで，失敗や無駄を少なくすることができるということに気付いてほしいと願う。

　本実践では，進級パーティーを開催することをゴールと設定し，実際に使用する材料を選択・判断して購入する単元構成とする。その中で，設定した予算の中で購入計画を立て，その後に，実際に商品を購入する場の設定を行う。そして，購入した際の困り事を取り上げ，商品の価格や量，味や好み，安全性などの品質に目を向け商品を検討する活動を通して，予算内で目的に合う商品の選択ができるようにしていきたい。

１　題材について

(1)　本題材は，身近な物の選び方や買い方を理解し，必要な情報を収集・整理することで，購入に必要な情報を活用し，物の選び方や買い方を考え工夫する力を身に付けるとともに，環境に配慮した生活の仕方を工夫する実践的な態度を育成することをねらいとしている。

　　子どもたちは，買い物において様々な失敗を経験している。そこで，そのような経験を出し合い，子どもから「同じような失敗をしたくない」という思いを取り上げ「失敗や無駄を減らせる賢い消費者になろう」という主題を設定する。そして，進級パーティーを開催することをゴールとして題材を構成する。そうすることで，限られた予算の中で，進級パーティーに必要な食料品をどのようにして選ぶとよいかについて考えていくことができる。また，グループで活動することにより，友達と協力しながら食材を選び，購入しなければならないため，値段や品質，他者の好み等にも目を向け選択・判断していくことが期待できる。

(2)　子どもたちは本題材が，消費生活についての初めての学習になる。本題材では，買い物の仕組みや消費者の役割，お金や物の計画的な使い方，身近な物の選び方，買い方の工夫などについて学習していく。これは，中学校における「売買契約の仕組み」や「消費者の基本的な権利と責任」「消費者被害の背景とその対応」の学習につながる基礎となる。

(3)　指導にあたっての留意点は，次の通りである。

①　第１次においては，お金をどのようなことに使っているかを振り返る。その中で，買い物で失敗した時の思いを取り上げ，「失敗や無駄を減らせる賢い消費者になろう」という主題

を設定する。また，子どもたちが見通しをもち，主体的に活動に取り組むことができるように，「進級パーティーを開催する」ことをゴールとして設定する。

② 第2次においては，食料品の選び方の観点と買い方の工夫について明らかにするために，進級パーティーに必要な食料品の購入計画を立てる。そして，購入計画を立てた後に，購入場面を設定することで，計画通り予算内で購入できなかったり，新たに必要な物に気付いたりと計画通りにいかない事実に出合わせる。そうすることで，自分たちの購入の仕方について何がいけなかったのかという問題を見いだすことができるようにする。

③ 本時では，「目的に合う商品を予算内で購入するには，どのようにすればいいのだろう」という課題を設定する。そして，進級パーティーに必要な商品を価格や量，鮮度，見た目などの観点をもとに選択する活動を通して，自分たちが何の観点を重視するかを明らかにし，どの商品をどのように購入するのか意思決定ができるようにする。

❷ 題材の目標

(1) お金や物の大切さ，身近な商品の選び方や買い方について理解し，目的に合った商品を選択し購入することができる。

(2) 購入するために必要な情報を収集・整理し，情報を活用して目的に合った商品を選んだり，無駄の少ない買い方をしたりすることができる。

(3) 自分の消費生活のあり方を振り返り，改善したり工夫したりしようとすることができる。

❸ 指導計画（6時間取り扱い）

学習活動	主体的・対話的で深い学びを生みだすための教師の支援	時間
1 生活場面を振り返り，主題を設定する。	○ 買い物で失敗した時の子どもの思いを取り上げ，主題「失敗や無駄を減らせる賢い消費者になろう」を設定する。	1
2 失敗や無駄を減らす商品の選び方，買い方について検討する。	○ 交通費，水道代や光熱費など物の購入以外でも必要なお金があることについて考えさせることで，お金は家庭生活にとって大切なものであることを確認する。 ○ 収集した情報（商品量，鮮度，価格，味）等を表にまとめて可視化し，商品を検討・選択する際に比較しやすくする。 ○ 商品購入の際の悩みや迷いを出し合い，購入商品の再検討をさせることで，他者の好みにも目を向けながらよりよい購入の仕方ができるようにする。	3 本時 3／3
3 進級パーティーの振り返りをする。	○ 進級パーティーの成果と課題を出し合わせ，新たな課題についての解決策を検討させることで，各家庭での実践に向けた計画で，生かすことができるようにする。	2

❹ 本時の学習

(1) 目標

　　自分たちの目的に合った商品を買うために，価格や量，好みなどの観点をもとに，何を重視すればよいかを話し合うことを通して，予算内で必要な商品を選択する工夫について考えることができる。

(2) 展開

時間	学習活動	子どもの思い・姿
10	1　本時の課題をつかむ。	○　実際に計画した商品を全部買ったら，予定した金額よりもオーバーした。価格が予想よりも高かったんだよね。 ○　お店の商品を見たら，計画した商品以外にもほしい商品が出てきたんだよな。
15	2　グループで商品の選択を再検討する。	○　私たちが重視するのは，味だったよね。だから，質がよい商品を買うことにしたけど，値段が高くて十分な量が買えなかったんだよね。 ○　味も大事だけど，やっぱり量があった方がいいよね。そうすると，値段が安い商品に変えないといけない。 ○　私たちは量を重視してたでしょ。でも，みんながほしい商品を買ったら予算オーバーしたよね。好みが分かれたけど，どれかに絞らないといけないよね。
15	3　どの観点を重視して商品を選択すればよいか悩んでいるグループに対して全体で解決策を考える。	○　お買い得品なら数が沢山あるよ。1つずつの大きさは1つ買うよりも少し小さいけど，産地も品種も同じだから，味もそんなに変わらないと思う。だから，お買い得を買うと，味も量も両方納得できるんじゃないかな。 ○　果物を2種類買うと決めていて，好きな果物だけを食べることにすると，買う量を減らせる。そうすると，買う量が減ったので，予算が余るでしょ。だから，種類を増やすために果物よりも安い缶詰を買うことにしたよ。
5	4　本時の学習の振り返りをする。	○　買い物をする時に，目的は必要ないと思っていたけど，目的があることで，商品を選ぶ時に何を重視するか考えやすくなると思いました。 ○　見た目や値段だけを見て選んでいたけど，商品の品質や量なども調べ，どちらがよいか比べて買うと，失敗を減らしていけると思いました。これから，ほしい商品が出た時には，他の商品と比べてから買うようにしていきたい。

子どもたちは，購入計画をもとに商品を購入した際に，買い足したい商品が出てきたり，予定金額を超えていたりと計画の段階では気付かなかった迷いや困り事が生じています。そのような困り事を取り上げて購入商品を再検討することで，安全や価格，量などの視点を選択していくことが買い方の工夫に繋がることを明らかにしていきます。

主体的・対話的で深い学びを生みだす教師の支援（発問・指示，教材・教具，評価）

○　購入計画をもとに行った買い物を振り返り，購入計画と実際に購入した商品，購入した金額などをグループごとに一覧表にまとめたものを提示し，計画と実際の買い物との比較から，迷いや困り事に気付けるようにする。

目的に合う商品を予算内で購入するための買い方の工夫を考えよう。

○　商品選択の検討に入る前に，進級パーティーでフルーツポンチや果物の盛り合わせなどの果物をメインとした軽食を作るという目的を確認し，必要な商品を明確にする。

○　新たに比較したいことが出てきた際に内容量や産地などの情報を収集して，商品を検討することができるように細部まで写した商品の写真や，観点ごとに情報を収集・整理したものを準備する。

【教材・教具】

○　購入した商品が分かる写真

○　購入一覧表

○　計画シート

○　ＴＶ

○　実物投影機

○　商品選択で迷っているグループを取り上げ，問題を解決するためにどのように選択すればよいかを，それぞれのグループでの工夫をもとにしながら全体で検討する。

○　安易に購入する商品を判断し，重視する観点が明確になっていない場合は，何を重視して購入したのかをそのグループに問い返すことで観点を明らかにする。

○　グループ内の個人同士で重視する観点が違い，なかなか決まらないという時には，なぜその観点を重視したいのかという思いを取り上げ，どちらも大切な観点であることを確認する。

○　お互いの意見を取り入れながら選択したグループを取り上げ，商品を購入する時には重視する１つの観点で選択する方法以外にも，複数の観点で折り合いをつけながら選択する方法があることに気付かせる。

○　今までの自分の買い物の仕方と，今日の自分の買い物の仕方について照らし合わせ，変わったところやまだ足りていないところなどについても振り返りを行わせる。

【評価】

　予算内で必要な商品を購入するために，品質や価格，好みなど，互いに折り合いをつけながら商品を選択することができる。（ワークシート）

○　他の友達の意見を聞いて自分の考えが変わったことや，商品の選び方について新しく気付いたことなどについても振り返りを促す。

10 He is wonderful! He can cook delicious omelets!〜友達の新しい素敵な一面を紹介しよう〜 (We Can!1 Unit5, 9) 【文科省】

　1学期には，"Friend News Project"という活動を行い，友達の好きなものや誕生日等を英語でインタビューして紹介する活動を行った。自分が本当に伝え合いたいことを，目的や相手意識をもちながら英語で表現しようと主体的に取り組んだ。しかし，相手とのやりとりにおいて即興的に英語で問答したり，第三者について紹介したりする経験はまだ少ない。

　本単元では，できることやできないことを表す表現と共に，第三者を表す主語に出合う。これらの表現に慣れ親しむことは，表現できる対象を豊かにすることにつながる。また，友達と互いに英語で尋ね合い，紹介する活動を通して，自分や友達の素敵さを改めて感じることを願う。このような経験が言語を越えて，様々な人とかかわる素地となると考える。

　そこで本実践では，友達の素敵な一面を紹介するという目的のために，"Can you ...?""I can ...."だけでなく，既習表現を駆使しながら友達にインタビューをする。その中で，他の友達がまだ知らない新しい一面について知るために，英語表現を工夫してやりとりを行っていく。

① 単元について

(1)　本単元では，"can / can't"を用いて，できることやできないことについての表現を使ってコミュニケーションを行う。また，"He / She"といった第三者を主語にして，その人のことを紹介する表現にも出合う単元である。これまで，"I / You"を用いて友達や教師とのやりとりを行ってきた子どもたちにとって，表現できる対象が広がることでさらにコミュニケーションの面白さを感じられると考える。

　　身近な友達や教師等の第三者について表現する時，「友達の新しい素敵な一面を紹介する」という目的をもたせることで，子どもが主体的に英語表現を工夫したり，既習表現を活用したりする学習が可能になると考える。

(2)　子どもたちはこれまでに"I / You"を主語にして好きなものや持っているもの，欲しいものについて伝え合う表現に慣れ親しんできた。本単元で扱う"can / can't"や"He / She"を活用することで，できることやできないことを表現したり，第三者について伝え合ったりすることができるようになる。これは次の単元で，自分のあこがれの人について紹介する表現につながる。

(3)　指導にあたっての留意点は，次の通りである。

①　単元の導入では，主表現の意味を捉えられるようにするため，子どもにとって身近な教師とJTEが主表現を使ってやりとりする動画を見せる。主表現の意味を捉えた後，「この表現を使うと，どのようなことができるか」を問い，「友達紹介プレゼンテーションで，聞き手がまだ知らない友達の素敵な一面を紹介しよう」という単元のゴールを設定する。

②　学級の全ての子どもが紹介したりされたりすることを前提に，子どもと話し合いながら学

習計画を立てたり紹介するペアを決めたりする。

③　紹介する友達にインタビューをする前に，"Can you ...?" "I can / can't ...." という英語表現に親しむ言語活動や練習の時間を設定する。また，インタビューをした時にうまく表現できなかったことをもとに課題を設定し，インタビューで使う英語表現を考えられるようにする。

④　紹介する友達について集めた情報をワークシートに整理させ，"He / She can ...." "He / She is ...." 等の表現を使って，聞き手によく伝わるように，紹介する内容や表現を吟味させる。

⑤　本時では，友達の新しい一面を聞き出すために，"Can you ...?" だけでなく，子どもがさらに尋ねたい質問の英語表現を検討する。その時，既習表現を駆使して表現を考えられるよう，これまでに体験したコミュニケーション場面を例示したり，既有知識と関連付けたりしながら表現を想起させ，インタビューに活用できるようにする。

❷　単元の目標

(1)　自分や第三者について，できることやできないことを聞いたり言ったりすることができる。

(2)　自分や第三者について，できることやできないことを，考えや気持ちも含めて伝え合う。

(3)　他者に配慮しながら，自分や第三者についてできることやできないこと等を紹介し合おうとする。

❸　指導計画（9時間取り扱い）

学習活動	主体的・対話的で深い学びを生みだすための教師の支援	時間
1　"can /can't" "He / She" の意味を捉え，単元の学習を見通す。	○　教師について英語で紹介することで，主表現の意味を捉えられるようにする。また，子どもと単元の学習計画を立て，どのようなコミュニケーションを行っていくかイメージをもたせる。	2
2　友達の知られざる素敵な一面を紹介する準備をする。 (1)　友達にインタビューをする。 (2)　紹介する英語表現を工夫する。	○　新たな一面を聞き出すため，デジタル教材の動画から，質問に活用できる英語表現に気付かせる。そして，対話を通してより詳しいことを尋ねる言葉や表現を工夫させる。 ○　3人1組で互いの知識を用いて話し合う場を設定し，英語で質問したり答えたりする表現を検討させる。インタビューする様子を観察させながらサポーターの役割をもたせることで，協力してよりよい英語表現を考えられるようにする。 ○　内容や順序について視点がもてるよう表現の例を板書する。	5 本時 3／5
3　友達紹介プレゼンテーションを行い，単元の学習を振り返る。	○　授業参観日と合わせ，友達，ALT や保護者に友達のできることや新たな一面を紹介する。その後，English Journal を書かせ，学習内容や学習過程を振り返ることができるようにする。	2

❹ 本時の学習

(1) 目標

　　友達の新しい素敵な一面を知るために，英語表現をどのように工夫すればよいか検討しインタビューする活動を通して，得意なことや関連することを尋ねたり答えたりする。

(2) 展開

時間	学習活動	子どもの思い・姿
8	1　前時の学習を振り返り，難しかったことをもとに本時の学習の見通しをもつ。	○　この前，実際にインタビューをしてみたけど，なかなか友達の得意なことを引き出せなかったなあ。 ○　料理が得意だってことは分かったんだけど，他の友達もびっくりするような，得意なメニューを聞きたい。どんな英語表現で質問したらいいかな。
10	2　詳しい情報を得るために，質問する表現や答える表現を工夫する。 (1)　グループ (2)　全体	○　"Can you cook?" って尋ねてみて，相手が "Yes, I can." って答えた時には，さらに質問したいんだ。どんなメニューが作れるか尋ねるには "can cook" が使える？ ○　前，動画を見た時に "What can you do?" ってあったよね。"What can you cook?" でも尋ねられそうじゃない？ ○　縄跳びが得意な友達に，2段跳びは何回できる？って聞きたいんだけど，英語でどう言えるかな。 ○　何回？って，"How many?" かな。先生と試してみよう。
20	3　話し合ったことを活用して，実際に紹介する相手にインタビューをする。	○　他のグループが使っていた質問も，生かせそうだね。"How many ...?" って，サッカーが得意な□□くんに，リフティングのことを尋ねてみようかな！ ○　"Can you play table tennis?" "No, I can't." だったら，どんなスポーツが得意？って尋ねるには，「What（何の）」でも伝わったから "What sports can you ... play?" かな。 ○　"I can do Karate!" だって！意外！（伝わったぞ！）
7	4　本時の学習を振り返る。	○　できることについて尋ねた後，"Do you like ...?" を続けて尋ねたら，話が深まって詳しいことが分かったよ。 ○「どんな料理？」「どんなスポーツ？」って，「What (menu / sports)」みたいに言葉を入れ替えるだけで表現できることが分かってきたよ。意外と，学習してきた英語って使えるんだ。

第三者を表す表現を知り，友達の得意なことを紹介したいと考えた子どもたち。級友や担任の先生も驚くような，意外な「できること」や関連する情報を得るために質問したいと考えています。既習表現を駆使して，インタビューで尋ねたり答えたりするための英語表現を考えていきます。

主体的・対話的で深い学びを生みだす教師の支援（発問・指示，教材・教具，評価）

○　前時の学習の振り返りの記述から，友達を紹介する表現について悩んでいた子どもの困り事を共有させる。これにより，本時でどのような課題意識をもって活動を行うか，子どもの言葉をもとに確認し，学習の見通しをもたせる。その後，友達のできることについて，詳しく知るための質問に関する英語表現に焦点化した本時の課題を設定する。

　友達の得意なことについてもっと詳しく知るためにはどんな英語表現を使って質問すればいいのだろう。

○　英語で表現したい具体的な質問の例を子どもの中から取り上げ，グループや全体で話し合う場を設ける。また，どのようにその表現を考えたのか思考過程を言語化させる。

○　インタビューで活用できそうな表現を使ったデジタル教材の動画を視聴させ，英語表現に気付かせる。

○　全体で話し合った英語表現が実際のインタビューで活用できるように，板書にも残す。また，子どもがよく活用すると考えられる英語表現は，ALT と共に練習する。

【教材・教具】
○　ワークシート
○　英語表現の掲示
○　タブレット端末・PC
○　デジタル教材

○　子どもが英語表現を質問・確認するために教師のところに来た時には，タブレットを持参させ，教師の発音ややりとりを録画できるようにする。そうすることで，必要な場面で繰り返し視聴してまねることができるようにする。

○　メインインタビュアーとサポーターが協力してインタビューを行えるよう形態を工夫する。そうすることで，インタビューの最中にも相談しながら，外国語によるコミュニケーションにおける見方・考え方を働かせ，よりよい英語表現を話し合えるようにする。

○　振り返りシートに本時で工夫したり試したりした学習過程について，具体的な英語表現等も含めて記述させる。そうすることで，活用できた既習表現や友達のどんな考えや言葉で自分の学びが進んだかを自覚できるようにする。また，次時に向けての課題も記述するよう伝える。互いの学びや気付きを交流させ，自分の表現と比較させることで，友達の表現や考え方のよさに気付くことができるようにする。

【評価】
できることを尋ねたり答えたりするインタビューの中で，より詳しい内容について知ろうと，英語表現を工夫して質問したり答えたりしている。 （発話の観察）

11 1年 道徳科 すてきなじぶんとであうために（単元型学習：A個性の伸長）

【学研】「ええところ」【クラーケン】「ぼくはちいさくてしろい」

　１年生の子どもたちは，入学してからこれまでの日々を通して，友達とともに協力して問題解決を行う力など，様々な力を身に付けてきた。しかし，難しいことに出合うと「自分にはできない」と諦めたり，自分が正しいと思うことでも友達に自分の思いを伝えることができなかったりする子どもも見られる。これは，自分に対する自信の無さが要因であると考える。

　そこで，子どもたちが，自分の特徴を多面的に見ることで，今まで自分自身では気付かなかった自分のよいところに気付き，自分に自信をもつとともに，これからも自分のよいところを見つけていこうとする思いをもってほしいと願う。

　本実践では，「個性の伸長」の内容項目を中心として，自分の特徴を多面的に見ることができるような単元を構成し学習を進める。授業では，登場人物の心情が変容した場面に焦点化し，子どもの問いを取り上げながら課題を設定することで主体的な学びを生みだしていく。さらに，自分とは異なる他者と価値観のずれについて検討していく場を設定することで対話的な学びを生みだす。この学びの中で，自分の生き方と関連させながら道徳的価値を多面的・多角的に捉える深い学びを生みだしていくことができるようにする。

❶ 主題について

(1)　本主題のねらいは，自分自身を多面的に見ることで自分の特徴に気付き，その中でも特に自分のよいところを見つけていこうとする態度を育てることである。１年生の子どもたちは，発達段階から見ても，自分自身を客観視することが十分にできるとは言えず，自分にはよいところがないと思っている子どもたちがいる。そのような子どもたちが，自分のよいところに気付くことができれば，自分に自信をもつことができるであろう。

　　そこで，本実践では，「よりよい自分になるために」というテーマを設定し，自分のよいところについて多面的に捉えることができるように，道徳の時間だけでなく，特別活動とも関連させて，総合単元的な学習として単元を構成する。まずは，道徳において，自分や友達のよいところを見つけていきたいという思いを高める。次に，この思いを取り上げ，特別活動で友達と互いによいところを認め合う活動を設定する。さらに，道徳において，自分のよくないと思っているところでも，見方を変えるとよいところになることに気付くことで，より多面的に自分のことを見ることができるようにする。

(2)　本時で扱う教材「ええところ」は，次のような内容である。自分にはよいところがないと思っている主人公のあいちゃん。友達のともちゃんに，よいところは手があったかいところだと言われるが，掃除の後に友達の手を握ってあげていたところ，自分の手も冷たくなって

しまう。よいところがなくなり傷つくあいちゃんだったが，ともちゃんからみんなの手を握っていた優しさが一番よいところだと言われ温かい気持ちになる。そんなともちゃんの優しさに触れ，自分も友達のよいところを見つけていこうと心に決めるという話である。

　　あいちゃんの心情の変化について考えていくことを通して，よいところに気付くと自分に自信をもてるということを実感できる教材である。

(3)　指導にあたっての留意点は，次の通りである。

①　第1時（道徳）では，まず，よいところがないと思っているあいちゃんの気持ちに焦点化する。その後，ともちゃんの言葉をきっかけとして，自分のよいところに気付いたあいちゃんの自分に対する見方が，前と後でどのように変わったのかを比較しながら考えていく。

②　第2時（特別活動）では，友達と互いのよいところを見つけ，紹介し合う場を設定する。自分のよいところに気付かせるとともに，よりよい人間関係をつくるための機会とする。

③　第3時（道徳）では，「ぼくはちいさくてしろい」を用い，ペンギンの子どもが，自分のよくないと思っているところを母親によいところだと言ってもらい，その言葉を受け止めた場面に焦点を当てる。自分を多面的に見ることで，よいところを見いだせることに気付かせる。

❷　単元の目標

(1)　自分をよりよくしていくためには，自分の特徴に目を向け，よいところを見つけていくことが大切だということに気付くことができる。

(2)　主人公の心情の変化を比較したり，これまでの自分の経験と関連させたりしながら，自分の特徴を多面的・多角的に捉え，テーマについて自分なりの考えをまとめることができる。

(3)　自分の特徴について，教材を通して獲得した見方や友達からの自分に対する見方から再度自分を見直し，自分のよいところを見つけていこうとする思いを高めることができる。

❸　指導計画（道徳2時間＋特別活動1時間　計3時間取り扱い）

学習活動	主体的・対話的で深い学びを生みだすための教師の支援	時間
1　よいところを伝えてもらった時の気持ちについて話し合う。	○　よいところがないと思っていた時と，よいところを言ってもらった時の気持ちを板書で比較しながら考えることができるようにする。	1 （道徳） **本時**
2　互いのよいところを見つけ，紹介し合う活動を行う。	○　互いのよいところを紹介し合う活動を通して，自分自身のよさに気付くとともに，よりよい人間関係を形成できるようにする。	1 （特別活動）
3　母親の言葉を受け止めた時の気持ちについて話し合う。	○　ペンギンの子どもが母親の言葉を受け止めた場面について焦点化し，視点を変えると，よくないところがよいところになると気付くことができるようにする。	1 （道徳）

❹ 本時の学習

(1) ねらい

　あいちゃんが，優しいところが一番のよいところだと言われた時の気持ちについて話し合うことを通して，自分や友達のよいところを見つけていこうとする態度を育てる。

(2) 展開

時間	学習活動	子どもの思い・姿
3	1　テーマを振り返り，学習の見通しをもつ。	○　自分のよいところがないという友達がいたね。 ○　どうすれば自分のよいところが見つかるのかな。
15	2　「ええところ」の読み聞かせを聞いて感想を出し合い，あいちゃんがよいところがないと思っている時の気持ちを考える。	○　あいちゃんは最初，自分にはよいところがないと思っていたよね。 ○　その時は，悲しい気持ちだったんじゃないかな。 ○　私は，あいちゃんの気持ちが分かる。友達はできるのに，自分にはできないと悲しい気持ちになる。 ○　でも，最後にはあいちゃんの気持ちが悲しい気持ちからうれしい気持ちに変わっているよ。 ○　手が温かいところがよいところと言われたところだよね。確かにうれしい気持ちになったと思うよ。 ○　その後，ともちゃんに「優しいところが一番のよいところ」って言われているよね。どのように気持ちが変わったのかを考えてみたい。
17	3　ともちゃんに「優しいところがよいところ」と言われた時のあいちゃんの気持ちについて話し合う。	○　私たちは，それぞれ役になってしてみたんだけど，よいところを言ってもらってとてもうれしかった。 ○　自分によいところがあると自分に自信がもてるよ。 ○　あいちゃんは，自分のよくないところばかり見ていたから，よいところに気付かなかったんだと思う。自分のよいところを見ていくといいんじゃないかな。
10	4　本時の授業を振り返る。	○　これまで，ぼくは，よいところなんかないと思っていたけど，困っている友達に優しく声をかけたことがあるから，優しいところがよいところかな。 ○　私は，自分のよくないところばかり見ていたな。これからは，自分のよいところを見つけていきたい。 ○　自分のいいところだけでなく，友達のいいところも見つけていきたいな。

自分のよくないところにばかり目がいき，自分にはよいところがないと思っている子どもたちがいます。そのため，あいちゃんが自分のよいところに気付いた時の気持ちについて，自分たちで役割演技などを通して考えていくことで，自分のよいところに目を向けていくことの大切さに気付かせていきます。

主体的・対話的で深い学びを生みだす教師の支援（発問・指示，教材・教具，評価）

○　学習テーマを振り返り，よりよい自分になるために，「まずは自分のことを知ることが必要だ」と前回の話し合いで確認したことを，掲示物を見ながら振り返る。

○　あいちゃんが自分のよいところが１つもないと悩んでいる場面に焦点化し，「あいちゃんはどんなことを考えているのかな」という声を取り上げ，次の課題を提示する。

よいところがないと思っている時，あいちゃんはどんな気持ちだったのだろう。

○　あいちゃんが自分のよくないと思っているところを板書で提示し，よくないところにばかり目を向けていることが分かるようにする。

○　「自分のよくないところがたくさんあるとみんなはどう思う？」と問いかけ，自分自身を肯定的に受け止められないということに気付かせる。

○　あいちゃんの気持ちを考えていく中で，「ともちゃんからよいところを言ってもらい，悲しい気持ちからうれしい気持ちに変わったのではないか」という発言に立ち止まる。ここでのよいところは，「手の温かさ」と「友達の手をずっと温めた優しさ」である。まずは，「手の温かさ」に着目させ，手が冷たくなった時の気持ちを問う。そして，子どもたちから，「あいちゃんの一番のよいところは優しいところ」という発言を引き出し，次の課題を提示する。

「優しいところが一番のよいところ」と言ってもらった時，あいちゃんはどんな気持ちだったのだろう。

○　ペアやグループで話し合いたいという声が出たら，解決方法（役割演技，インタビューなど）を子どもに委ね，自分たちで解決に向けて学びを進めていくように促す。

○　全体では，あいちゃんの気持ちの変容が分かるよう最初の場面と比較しながら板書で可視化する。そして，あいちゃんの変容に立ち止まり，「あいちゃんはどのように変わったのだろう」と問う。そうすることで，自分によいところがあると気付くことによって，自分に自信がもてる，前向きな気持ちになれるなど，多面的・多角的に捉えることができるようにする。

○　次の視点で振り返りをさせていく。
　・今日の授業で考えたことや，大切だと思ったこと
　・友達の考えでなるほどなと思ったこと
　・これまでの自分がどうだったかと，これからのなりたい自分

○　自分のよいところだけでなく，友達のよいところも見つけていきたいという思いを取り上げ，次の特別活動の時間につなげる。

> **【評価】**
> 　自分や友達のよいところを見つけていこうとする思いをもつことができる。
>
> 　　　　　（道徳ノート）

12 ふゆもたのしく
～ふしぎな木のみ「ムクロジ」であそぼう！～

子どもたちの多くは，泥団子づくりや色水遊びなど，身近な自然を利用して遊ぶ経験をしている。しかし，遊びは個別的であり，友達とかかわり合いながら十分に思考しているとは言えない姿が見られる。また，実生活の中で自然に触れ合う機会が少なく，身近な自然を利用して遊んだり，遊び方を考えたりする経験の乏しい子どもも多くいる。

このような子どもたちに，みずみずしい感性を働かせて身近な自然に働きかける中で，友達とかかわり合いながら思考し，自分だけの考え方や捉え方を広げて，遊びに使う物を工夫してつくったり友達と一緒に楽しみながら遊びを創り出していったりしてほしいと願う。

そこで本実践では，子どもにとって身近な校庭にありながら，その性質には気付いていない「ムクロジ」という木の実を使い，その実の性質を利用して羽根つきやシャボン玉遊びをする活動を設定する。そして，活動の中で生じた子どもの問いや困り感をもとに課題をつくっていき，子どもが友達とかかわり合いながら，身近な生活にかかわる見方・考え方を生かし，課題を解決していく中で気付きの質が高まっていく姿を目指していく。

❶ 単元について

(1) 本単元は，「ムクロジ」の木の実を使って遊ぶ活動を通して，身近な自然を利用して遊びに使う物を工夫してつくり，自然の不思議さに気付くことがねらいである。また，遊び方を考えていく中で，身近な自然を利用した遊びの面白さに気付き，友達と楽しみながら遊びを創り出していくこともねらいとしている。

(2) 子どもたちは，これまでに秋の自然を見つける活動を通して，季節の変化によって身近な自然も変化していることに気付いている。それらの自然を利用して遊ぶ経験の多い子どももいるが，経験の少ない子どももいる。本単元では，「ムクロジ」の木の実を使って，遊び方を考えたり遊びに使う物を工夫してつくったりし，身近な自然を利用した遊びを創り出していく。本単元の学習は，第2学年における身近にある物を使って動くおもちゃをつくる学習や，理科における水溶液の学習につながり，科学的な認識の基礎を養うことにもつながる。

(3) 指導にあたっての留意点は，次の通りである。

① 単元の導入では，子どもが学校で冬の自然を探していく中で，「ムクロジ」の木の実に出合う場を設定し，その木の実の名前や性質について調べることを促していく。

② 第2次では，「ムクロジ」という木の実の名前，種子が羽根つきの羽根の材料になること，そして果皮で石鹸やシャボン玉ができることなど，子どもが調べてきた情報を全体で共有することで，「ムクロジ」の木の実を使って遊ぶ活動への動機付けを図り，「ふしぎな木のみ『ムクロジ』であそぼう！」という主題を設定する。その上で，「ムクロジ」の木の実を使って，羽根つきやシャボン玉遊びができるような学習環境を整えていく。

③ 本時の学習では，気付きを伝え合う場を設定し，前時の活動における子どもの困り感を全体で共有し，子どもとともに課題を設定する。そして，シャボン玉ができる液とできない液のつくり方の違いを比べて考えることができるように，２つのモデルを黒板に並べて提示し，子ども同士がかかわり合う中で明らかになった事実を分類・整理しながら板書していく。それらの事実をもとにして，シャボン玉ができる液をつくるための工夫を見いだすことができるようにする。また，試しの活動を設定し，全体での話し合いにおける学びを自分の考えに取り入れ，実際に試すことで学びを自覚できるようにする。

❷ 単元の目標

(1)　「ムクロジ」の木の実を利用して遊ぶ中で，身近な自然を利用して遊ぶことの面白さや自然の不思議さに気付くことができる。

(2)　友達とかかわり合いながら，「ムクロジ」の木の実を利用した遊びを考えたり，遊びに使う物を工夫してつくったりすることができる。

(3)　友達と楽しみながら，「ムクロジ」の木の実を利用した遊びを創り出そうとしている。

❸ 指導計画（15時間取り扱い）

学習活動	主体的・対話的で深い学びを生みだすための教師の支援	時間
1　学校にある冬の自然を見つける活動を行う。	○　学校にある冬の自然を見つける活動の中で，「ムクロジ」の木の実に出合う場を設定する。	2
2　ムクロジの木の実を使って羽根つきやシャボン玉遊びの活動を行う。	○　「ムクロジ」の木の実について調べることを促し，その性質を調べてきた子どもの情報を全体で共有することで，「ムクロジ」で遊ぶ活動への動機付けを図り，「ふしぎな木のみ『ムクロジ』であそぼう！」という主題を設定する。 ○「ムクロジ」の木の実を使ってどのような遊びができるかを分類・整理し，みんなで遊びたい遊びを絞っていくことで，遊びに使う物のつくり方の工夫を比較できるようにする。 ○　羽根つきの羽根やシャボン玉をつくって遊ぶことができるように，必要な材料を準備して学習環境を整えていく。 ○　子どもの困り感を全体で共有しながら課題を設定し，体験活動と表現活動を繰り返していく。	12 本時 10／12
3　これまでの学習を振り返る。	○　「生活科日記」の振り返りをもとに，学習前の自分の考えと比べることで，自分自身の考えの変容に気付かせる。	1

❹ 本時の学習

(1) 目標

　　ムクロジのシャボン玉液のつくり方を話し合う活動を通して，シャボン玉ができる液をつくるための工夫に気付き，シャボン玉液を濃くするための方法を考えて試すことができる。

(2) 展開

時間	学習活動	子どもの思い・姿
3	1　本時の課題をつかむ。	○　困ったことがありました。私は，何回もシャボン玉をつくろうとしたけど，できませんでした。 ○　ぼくも困ったことがありました。シャボン玉がすぐに割れてしまって，どうしてなのか分かりません。
20	2　みんなでシャボン玉ができる液のつくり方の工夫について話し合う。 ムクロジの木の実 ムクロジのシャボン玉液	○　私は，最初はできなかったけど，何回もつくっているうちにシャボン玉ができるようになりました。 ○　何が関係しているんだろうね？シャボン玉ができる液とできない液を比べてみたら分かるかもしれない。 ○　私は，シャボン玉液の色が関係していると思います。 ○　あっ，本当だ。みんなのシャボン玉液の色が違っているよ。なぜだろう？ ○　シャボン玉液をよく見てみると，色が違っているのはムクロジの数も違うよ。 ○　ムクロジから何か出てきているのかもしれない。 ○　シャボン玉ができる液の方は，シャボン玉液が濃くなっているのかもしれないな。 ○　シャボン玉液を濃くするためには，ムクロジをたくさん入れるといいかもしれない。 ○　水の量を少なくする方法もあると思います。前に色水をつくった時に水が多いと薄かったからです。
15	3　自分でシャボン玉ができる液をつくる方法について考える。	○　ぼくは，シャボン玉液の色を濃くするために，水の量を減らしてみようかな。 ○　私は，シャボン玉液を濃くするために，ムクロジの皮をたくさん入れてつくってみようかな。
7	4　本時の学習の振り返りをする。	○　シャボン玉ができる液とできない液を比べたら，ムクロジの数を増やすといいことが分かりました。今度は，ムクロジの皮を水につけたままにして，試してみたい。

前時の活動の中で生じた「シャボン玉ができない」という子どもの困り感を全体で共有し、その思いから本時の課題をつくっていきます。そして、シャボン玉がうまくできた子どもとできなかった子どものシャボン玉液のつくり方を比べることで、そのつくり方の工夫を見いだしていきます。

主体的・対話的で深い学びを生みだす教師の支援（発問・指示，教材・教具，評価）

○　前時までの活動の中で，「シャボン玉ができない」という困り感をもつ子どもの振り返りの内容を全体で共有することで，子どもとともに，本時の課題を以下のようにつくっていく。

> シャボンだまが　できるえきを　つくるためには，どうすれば　よいのだろう？

○　自分と友達のシャボン玉液の色や水の量，ムクロジの果皮の数の違いなど，事実を捉えることができるように，一人一人のシャボン玉液の写真を黒板に貼れるように準備しておく。

○　子どもがシャボン玉液の写真を黒板に貼る際，シャボン玉のでき方を「よくできる」「ときどきできる」「なかなかできない」に分類しながら貼ることで，シャボン玉ができた液とできなかった液のつくり方の違いを比べることができるようにする。

○　働きかけ方は，カードに書き込んで黒板に貼ることで，それらを比べたり分類・整理したりすることができるようにする。

┌─────────────────────┐
【教材・教具】
○　シャボン玉液のモデル
○　カード
○　大型モニター
○　タブレット端末
○　ムクロジの果皮
○　シャボン玉液をつくる材料
└─────────────────────┘

○　子どもがムクロジでシャボン玉液をつくる様子は，事前に写真や映像に撮っておき，シャボン玉液をつくる時のつくり方の違いを明確にする際に提示する。

○　シャボン玉ができる液とできない液の色の違いについての気付きが出された際に，「なぜシャボン玉液の色が違うのか？」と問い返しを行うことで，水の量やムクロジの果皮の数の違いに着目させ，シャボン玉液を濃くするための工夫に話し合いを焦点化していく。

○　シャボン玉ができる液とできない液のそれぞれの働きかけ方の中から，有効な方法を問いかけることで，シャボン玉ができる液をつくるための工夫を見いだしていくことができるようにする。

○　試しの活動の前に，全体での話し合いで見いだした考えを個の学びに生かして考えることができるように，試してみたい工夫をペアで話し合う場を設定する。

○　子どもが調べてきた新しい方法も試すことができるように，学習環境の構成をしていく。

○　本時の学習の振り返りを，「生活科日記」として書く時間を設定し，子どもが自分自身の思考過程や考えの変容を記述できるようにする。

┌─────────────────────┐
【評価】
　シャボン玉ができる液をつくるための工夫に気付き，シャボン玉液を濃くする方法を考えて試すことができる。（観察・ノート）
└─────────────────────┘

13 国土の自然とともに生きる
～川や海のプラスチック汚染と私たちの生活～ 【教出5年】

　高学年になり，子どもたちは身の回りのことや社会の出来事などへの関心が広がっているが，それらと自分自身のかかわりについては十分捉えられているとは言えない。例えば，学級でトラブルが起きて話し合いをする際に，当事者でない子どもが無関心な態度を示すなどである。集団や組織における「問題」が改善されない大きな原因の１つには，このような「無関心」がある。「無関心」によって問題が改善されない現実は学級に限らず，世の中に広がる多くの社会的事象に当てはまる。

　そこで，環境を扱う本単元では，自分が環境改善の主体であると自覚し，問題の解決には「関心をもち，できることを行っていくこと」が欠かせないことに気付いてほしいと願う。

　そのために本単元では，川や海のプラスチック汚染の問題を取り上げる。近年，この環境問題が取り出されるようになり，政府や企業が改善に向けて取り組み始めている。プラスチックという生活に身近な事象を扱うことで，子どもたちは主体的に学習に取り組むだろう。そして，現在の国民生活に浸透しているプラスチックを削減したり，再利用など有効な活用を見いだしたりするためには，環境と自分とのかかわりを考え続ける必要があることに気付かせていく。

① 単元について

(1)　本単元は，我が国の自然環境と国民生活との関連についての学習を通して，公害から国土の環境や国民の健康な生活を守ることの大切さを理解することをねらいとしている。

　そこで今回は，川や海のプラスチック汚染の問題を取り扱う。近年，国際会議等でこの問題は取り上げられ，国内でも大きな関心事となっている。2018年実施の河川の調査では熊本市内を流れる白川からもマイクロプラスチックが検出され話題となった。このような中，特にグローバル企業や国内大手外食企業においては，ストローを中心にプラスチック製品の廃止や紙製への切り替えを行い始めている。その動きは市内の大手ホテルなど県内企業にも広がりつつある。これらの世界的な流れの中で政府も数年前から対策に取り組み，2018年から，法改正や環境省の「プラスチック・スマート」の取組が始まるなど，具体的施策が展開され始めている。

　本実践では，プラスチック汚染に対する政府や企業など関係機関や地域の人々の取組など多角的に考察し，汚染がもたらす国民生活への影響や改善策について自分の考えをまとめていく。これは持続可能な社会を実現するために必要な資質・能力を育むことにつながると考える。

(2)　子どもたちはこれまで5年生の社会科学習において，第１次～３次産業に携わる人々の工夫や努力を調べ，それぞれの産業で起こっている課題に対する取組について学習している。また，「情報を生かす産業」の学習では，「熊本市の観光 PR 動画の提案をしよう」という

主題のもとで学習を行い，動画などＳＮＳ（ソーシャルネットワークサービス）を活用することで多くの人に情報を紹介できることを学んでいる。

(3) 指導にあたっての留意点は，次の通りである。

① 単元の導入では，まず熊本市の河川が30年前と比べて水質が改善されていることを確認した上で，白川のプラスチック汚染を知らせる新聞記事を提示する。相反する事実から表出した疑問をもとに「白川の水質は改善されていると言えるのだろうか」という主題を設定する。

② 追究過程で子どもたちは，見学などでプラスチック汚染の現状や取組について情報を集めていく。また行政や企業などの取組を調べる中で，市内のホテルがストローをプラスチック製から紙製に変更した事実と出合わせる。「ホテルが紙製に変えても白川の改善とは関係ないと思う」という子どものつぶやきをもとに，この取組の意味を話し合う時間を設定する。

③ 本時は，「白川の汚染に対してどうするか」という課題について，これまで調べた関係機関や人々の取組と関連付けて考えていく。そこで，現状の取組としてはまず自分たちが高い関心をもつことに意味があることに気付かせ，それをもとに自分たちができることを考えさせていく。

❷ 単元の目標

(1) プラスチック汚染の現状や取組について，適切に資料を活用して捉えることができる。

(2) プラスチック汚染の対応について，行政や企業，地域の人々など，環境保全における関係機関や人々の取組を多角的に考察し，汚染を改善するための考えをまとめることができる。

(3) プラスチック汚染と国民生活との関連について調べ，課題の解決に意欲的に追究するとともに，よりよい社会にするという意識をもち，自分たちにできることを考えようとしている。

❸ 指導計画（９時間取り扱い）

学習活動	主体的・対話的で深い学びを生みだすための教師の支援	時間
1 白川のプラスチック汚染の事実から主題を捉える。	○ 問題ないと思っていた白川が，全国2番目のマイクロプラスチック含有量を示した事実から主題を設定する。	2
海や川のプラスチック汚染に対してどうすればいいか，地域・行政・企業の取組から考えよう。		
2 プラスチック汚染に対する現状や関係機関の取組について調べる。	○ 行政・企業・地域の人々がそれぞれの立場でできる役割を行っていることを捉えさせ，企業や地域の取組への関心が高まるようにする。 ○ 熊本市の企業の取組の意味について考えることを通して，汚染防止には「関心の高まり」の必要性に気付かせる。	5 本時 5／5
3 環境を守るために自分たちでできることを考え，まとめる。	○ 今回学んだことをもとに環境を守るために自分たちでできることを考え，取組とその理由・効果の両方の視点からまとめさせることで多角的な捉えの自覚化を図る。	2

❹ 本時の学習

(1) 目標

　　熊本市のホテルがストローをプラスチック製から紙製に変更した理由について話し合うことを通して，関心を広げることで環境改善につなげようとしていることを捉えることができる。

(2) 展開

時間	学習活動	子どもの思い・姿
6	1　これまでの学習を振り返る。	○　前回見た新聞記事にストローはプラスチック製品全体の0.1%以下とあったよ。思ったより少なかった。 ○　それなのになぜ，Kさんたちのホテルではストローをプラスチック製から紙製に変更したのかな。
20	2　課題について話し合う。 (1)　グループで話し合う。	○　プラスチックをちょっとでも減らすっていうことなの。でもそれだとしたら，他の容器もした方がいいよね。 ○　ストローを紙製にするのが他と比べて簡単だからだと思う。他はまだ作るのが難しいからじゃないの。 ○　確かに，他の製品をプラスチック以外のものにするのは難しそうだね。でも，そもそもなぜ変えるの。
	(2)　学級全体で話し合う。	○　今，ストローってほとんどプラスチックだよね。だから紙製はめずらしいと思う。ぼくもこの前初めて飲んでみた時，ちょっと不思議な感じがしたよ。 ○　お客さんきっと，めずらしいって思うよね。そして「なぜ紙製ですか」って店員さんに聞くかもしれない。その時に，環境の話をして教えることをすると思う。そうなったら，お客さんが川や海の環境のことを知って，ごみ捨てしないようになる。Kさんたちはそういうことを考えたのじゃないのかな。
13	3　焦点化された課題について話し合う。	○　物を減らすというより，使う人を減らそうとしているのかもしれない。このプラスチック汚染の問題は誰かがあまり深く考えずに捨てているのが原因だから，関心を広げようとしているんだよ。 ○　直接ごみを拾うことも大事だけど，人に知らせて意識を高めるのも大事なことかもしれないね。
6	4　本時の学習を振り返る。	○　ぼくはタブレットで動画を作るのが好きだから，SNSを活用して知らせるといいかもしれないと思ったよ。

汚染問題の根本解決にならないのにどうしてストローを紙製に変えたのか疑問にもっている子どもがいます。そこで本時では，これまで調べた行政や企業の取組を根拠にしながら話し合うことで，関心を広げていくことも１つの環境改善と捉え，自分たちの取組を考える参考にしようとしていきます。

主体的・対話的で深い学びを生みだす教師の支援（発問・指示，教材・教具，評価）

○　前時までの学習を想起させるとともに，前時の振り返りをまとめた座席表を配付することで，お互いの提案やその理由に違いがあることを確認し，本時の学習に必然性をもたせる。

プラスチック製ストローは製品全体の0.1％しかないのに，なぜ紙製に変えたのだろう。

○　グループでの話し合いでは，それぞれ自分の考えを出し合いながら，なぜそう考えたのか，理由や根拠についても伝えたり尋ねたりするように促し，事実に即した話し合いにしていく。また，机間指導をしながら，全体での話し合いを想定したり準備したりしておく。

○　これまで用いた資料や学習の様子を「学びの足跡」として教室側面に掲示しておき，根拠となる資料を共有できるようにする。

○　それぞれの子どもの考えやその理由を板書していく。その際，比較や関連付けを分かりやすくするために線や矢印を用いる。

【教材・教具】

○　前時の振り返りを書きまとめた座席表

○　これまでの学びの様子を表した掲示物

○　これまで使用した資料

○　振り返りシート

○　「川や海の汚染に直接的に働きかけるだけではなくて，人に知らせることを目的に間接的な働きかけをしている」という意見を述べた子どもがいた場合は，一旦立ち止まり，「人に知らせたいのか」と問い返し，課題を焦点化することで，紙製への変更の意味を考えさせる機会とする。

紙製ストローに変更した背景には「人に知らせたい」という思いがあるのだろうか。

○　企業や地域の人々の取組を根拠に話し合わせることで，それらが，その上で周囲への関心を高める目的でも取組を行っているという共通点に気付かせていく。

○　値段にこだわり納得しない子どもがいる場合は，その意見に寄り添いながら取り上げ，全体で考えさせる。そこで，物の値段としてではなく環境全体への価値と捉える子どもの発言を促す。

【評価】

　話し合いを通して，紙製ストローへの変更の意味を「関心を広げる」という視点で捉えることができる。（発言・振り返り）

○　振り返りでは，次時の学習でその検討を全体で行うことを告げ，次時の見通しをもたせる。

14　自分だけのきれいなしきつめもようを作ろう
　　（図形の角）

　平行四辺形の面積の求め方を考える際，公式だけを書いている子どもに「なぜそうなるのか」を尋ねても満足に説明できる子どもはいなかった。また，その子どもに平行四辺形が方眼紙上にかかれたシートを配付しても，切ったりかき込んだりすることをしようとせず，まずやってみることすらできなかった。この原因の１つに，図形を思う存分操作し，構成要素に着目しながら目の前の図形の構造について考察する経験が十分でなかったことが考えられる。

　このような子どもたちに対して，図形の観察や操作を行う中で，図形の性質を見いだし，図形の美しさを感得し，図形についての見方や感覚が豊かになってほしいと願う。特に本単元では，「自分だけの美しい敷き詰め模様を作りたい」という明確な目的意識をもち，敷き詰め模様の観察や構成を通して「多角形の内角の和」という生きて働く知識を獲得させたい。そのきっかけとして「麻の葉模様」を提示し，敷き詰められた図形に対する問いや思いを引きだす。

　本実践では，ブロック操作でプログラミングができるスクラッチ（Scratch）を使い，プログラミングによって正六角形の敷き詰め模様を作図する。子どもたちは，コードを作る活動を通して正六角形の角度や辺の長さに着目し，その構造を捉え直すとともに，トライ＆エラーを何度も繰り返して課題を解決する経験の中で，プログラミング的思考を獲得していく。

❶　単元について

(1)　本単元では，多角形の内角の和はそれぞれ一定になるという一般化された図形の性質を見いだし，それらを用いて他の図形の性質について調べたり，新たな図形を構成することができたりすることをねらいとしている。

(2)　子どもたちは，これまでに第２学年で「正方形と長方形」，第３学年で「三角形と四角形」，第４学年で「平行・垂直と四角形」「角度」を学習し，三角形や四角形の角の大きさについて考える経験をしてきている。本単元において「多角形の内角」について考えることは，今後「正多角形と円周の長さ」の学習につながる他，中学校における論証にもつながっていく。

(3)　指導にあたっての留意点は，次の通りである。

①　導入においては，麻の葉模様を提示することで，敷き詰め模様に関心をもたせる。そして「自分も美しい敷き詰め模様を作ってみたい」という思いをもとにして「自分だけのきれいなしきつめもようを作ろう」という主題を設定する。

②　三角形について分析する場面では，正三角形の１つの内角が何度であったか想起させることにより，麻の葉模様に敷き詰められた二等辺三角形の内角がどのようになるのかを演繹的に求めさせる。また，それらの内角の和が180°になることから一般三角形の内角の和も180°になることを帰納的に導き出させる。

③　四角形について分析する場面では，四角形の内角の和が360°であることを導き出すために，

麻の葉模様に内在する台形やひし形に着目させ，それらに敷き詰まっている二等辺三角形をもとにして考えさせる。他の多角形の内角の和についても同じように三角形の内角の和が180°であることをもとにして演繹的に導き出させる。

④　本時の学習では，スクラッチを使って正六角形の敷き詰め模様をかかせる。その際，敷き詰め模様のコードを複数比較することで，より簡単なコード作りを意識させ，試行錯誤を促す。

❷　単元の目標

(1)　三角形の内角の和が180°であることや，他の多角形の内角の和は三角形に分けることで求められることを理解し，計算で多角形の内角を求めることができる。また，敷き詰め模様は集合した角の合計が360°になることを理解し，敷き詰め模様をかくことができる。

(2)　麻の葉模様から三角形の内角の和が180°になることを三角形の性質と捉え，それをもとにして他の多角形の内角の和や敷き詰められる理由について，帰納的，演繹的に考え，多角形の性質として捉えることができる。

(3)　美しい敷き詰め模様を作ることに関心をもち，三角形の内角の和が180°であることや四角形の内角の和が360°であることをもとにして敷き詰めることのできる図形を進んで発見しようとする。

❸　指導計画（９時間取り扱い）

学習活動	主体的・対話的で深い学びを生みだすための教師の支援	時間
1　麻の葉模様を観察し，テーマを設定する。	○　子どもの問いや思いから「自分だけのきれいなしきつめもようを作ろう」というテーマを設定する。	1
2　敷き詰められた図形を観察したり，操作したりすることで，多角形の内角についての性質を見いだし，敷き詰め可能な図形を発見する。	○　麻の葉模様に敷き詰められた図形について分析したり，明らかになったことをもとに演繹的に考えたりすることで，多角形の内角の和についての性質を見いださせる。 ○　麻の葉模様から見つけた図形が敷き詰め可能かを操作によって確認させ，その理由を明らかにすることにより，敷き詰められる図形についての特徴を明らかにし，新しく敷き詰め可能な図形を発見させる。	5
3　敷き詰め模様を作り，単元レポートを書く。	○　プログラミングによって敷き詰め模様をかかせる。 ○　発見した敷き詰め可能な図形を使ってオリジナルの敷き詰め模様を作らせる。 ○　学習を振り返って単元レポートを作成させる。	3 本時 1／3

❹ 本時の学習

(1) 目標

　スクラッチ（Scratch）で正六角形の敷き詰め模様をかく活動を通して，多角形の角度や辺の長さ，辺の位置関係について理解を深めるとともに，筋道を立ててコードを作ることができる。

(2) 展開

時間	学習活動	子どもの思い・姿
10	1　前時を振り返り，課題を把握する。	○　今日は実際に敷き詰め模様を作るんだよね。 ○　総合の時間には，正三角形と直角三角形をかくコードを作ったね。 ○　正六角形ってどうやったらプログラミングでかくことができるのかな？
15	2　正六角形の敷き詰め模様をかくコードを作る。	○　正六角形の1つの内角は120°だね。 ○　スクラッチで正六角形をかくためには，外角の60°を使わないといけないね。 ○　1つの正六角形をかくことはできたけど，2つ目の正六角形をつなげるには何度傾けないといけないのかな？ ○　2つ付けることができたから次は3つ目に挑戦してみよう。 ○　地道に作るとできるけど，結構面倒くさいな。 ○　同じ5個の正六角形の敷き詰め模様だけど短いコードでかかれているのはどうしてだろう？
15	3　より簡単な正六角形の敷き詰め模様をかくコードを作る。	○　より簡単なコードでかきたいな。 ○　△△さんのコードはぼくのに比べてスッキリしている。どうしてだろう？ ○　「繰り返し」を上手に使うとコードがスッキリしそうだ。 ○　正六角形を1つかく時は繰り返しを6回にすればかけるみたいだ。 ○　ある程度たくさんの敷き詰め模様はできたけど，続けるのが難しくなってきたぞ。 ○　「ペンを上げる」で一度ペンが付かなくしたら好きなところから始められたよ。
5	4　本時を振り返る。	○　「繰り返し」を「ずっと」にしていたけど，必要なだけ繰り返すといいことが分かりました。 ○　正六角形以外の形を使って敷き詰め模様を作りたいです。

前時までに多角形の内角の和まで学習した子どもたちは，本時でスクラッチによる敷き詰め模様作りを行います。外角に着目することなど基本的な操作は理解していますが，複数の図形を組み合わせるコード作りは経験していません。試行錯誤を繰り返しながらより簡潔なコード作りを目指していきます。

主体的・対話的で深い学びを生みだす教師の支援（発問・指示，教材・教具，評価）

○　算数の時間での振り返りとともに，総合の時間でのプログラミングの授業も想起させ，下図のような敷き詰め模様を提示することで，本時では正六角形の敷き詰めを行うことを確認する。

○　コードやかかれる軌跡は示さず，結果のみを提示する。

スクラッチで正六角形の敷き詰め模様をかこう。

○　まずどんな情報が必要かを問い，角度に着目させる。その際「外角が大切」という発言を拾い，正三角形をかいた学習をもとに確認する。

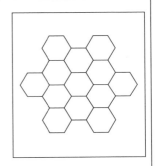

○　六角形の内角の和については，全体で前時までを振り返って確認し，正六角形の１つの内角の大きさを明らかにしておく。

○　２つもしくは３つの正六角形をつなげることができたものは大型モニターにミラーリングして共有し，称賛するとともに全体の意欲を高める。

○　４，５個の正六角形がつながったコードを比較させることで，同じ模様をかくコードでもより短く作ることができることに関心を向ける。

より短いコードでかくにはどうすればよいだろう。

○　より短いコードを大型モニターにミラーリングし，自分のコードと比較して分析させることで「繰り返し」の使い方や，「ずっと」を使わない方がいいことなどに気付かせ，全体で共通理解する。

○　ミラーリングしたコードや周りの友達が作ったコードを参考にしてもよいことを伝え，できるだけたくさんの正六角形がつながった敷き詰め模様のコードを作るように促す。

○　新しい工夫をしている子どもがいたら積極的に取り上げる。その際，コードを紹介し，今までの工夫と何が違うのかを読み取らせてから自分のコードに取り入れさせる。

> 【評価】
> 示されたコードを改良してより多くの正六角形で作られた敷き詰め模様のコードを作ることができている。
>
> （ワークシート）

○　本時の課題に対して自分がどう考え，友達の意見を聴いて自らがどう変容したのかと，次時にどんなことを学びたいのかをノートに振り返らせる。

○　新しい工夫について構成要素に着目しながら書いている振り返りや，次時どんなことに取り組みたいのかについて書いているものを取り上げて発表させる。

15 探れ！とけているものは何だろう？

　子どもたちは，これまでに物は形が変わっても出入りがなければ重さが変わらないことを学んできている。しかし，目に見えているものを根拠に考えることが多い子どもたちにとって，水の中に溶けているものを推論していくことは容易なことではなく，自分事の問題として事象を捉え，解決を図る中で繰り返し水溶液の中の様子を捉えていくことが求められる。

　日頃何気なく見ている「溶ける」という事象について改めて目を留め，「水の中で溶質はどんな状態になっているのか」「溶かす物によって溶け方はどう変わるのか」といった問いを見いだし，理科の見方・考え方を働かせながら自分事の問題解決を図っていってほしいと願う。

　本実践では，3種類の物質を入れた混合液の中から物質を1つずつ取り出していくというミッションに挑戦することから始める。これまでの知識や技能では解決できない「壁」に出合わせ，各物質の性質をグループごとに追究していく単元構成を行う。その中で質的・実体的な見方が働くように質量保存，温度による溶解度の違い，均一性についての結果や考えのずれを取り上げ話し合っていくことで取り出し方の提案に生かすことができるようにする。

1 単元について

(1)　本単元は，物が水に溶ける量や様子に着目して，水の温度や量などの条件を制御しながら物の溶け方の規則性を調べる活動を通して，それらについての理解を図り，観察，実験などの技能を身に付けることをねらいとしている。また，主に予想や仮説をもとに，解決の方法を発想する力や主体的に問題解決しようとする態度を育成することもねらいである。

(2)　子どもたちは，これまでに第3学年「物と重さ」の単元で物質の出入りがなければ，形は変わっても重さは変わらないことを学習してきている。本単元は，「粒子」についての基本的な見方や概念を柱とした内容のうちの「粒子の保存性」にかかわるものであり，第6学年「水溶液の性質」の学習につながるものである。

(3)　指導にあたっての留意点は，次の通りである。

①　単元導入では，3種類の物質（炭酸カルシウム，食塩，ミョウバン）を水に混ぜた混合液からそれぞれ取り出すようにする。各物質の溶け方を調べる必然性を引き出し，主題「溶けている物を1つずつ取り出すには，どうすればいいのだろうか」を設定する。グループごとに物質の性質を調べる場を設け，自分事の追究を図ることができるようにする。単元終末にろ過，蒸発，再結晶などの方法を組み合わせて3種類の混合液から物質を取り出す手順を提案し，再実験を行う場を設ける。

②　子どもたちが自立的な学習者として実験の客観性や実証性を意識できるように学び方の指標を作成し，振り返る場を設ける。理科日記を丁寧に見取り，子どもたちの考えのずれを焦点化し，全体に広げることで，質的・実体的な見方を働かせることができるようにする。

③ 本時では，水溶液から溶けている物質を取り出す方法を考える中で，「水溶液の中に溶けている物質は，どこも同じ濃さで溶けているのだろうか」という問題について，各々が考えた実験をもとに考察する。それぞれのグループで実験した結果を画像や映像を根拠に水溶液の均一性についてモデルを用いて説明する活動を通して，考察を深めることができるようにする。

② 単元の目標

(1) 物の溶け方について理解し，観察・実験などに関する基本的な技能を身に付けることができる。

(2) それぞれの物質の性質を追究する中で，予想や仮説をもとに，条件を制御しながら解決の方法を発想し，表現することができる。

(3) 混合液の中から物質を1つずつ取り出すための追究を行う中で，根拠をもとに，グループで決めた問題を解決しようとしている。

③ 指導計画 （12時間取り扱い）

学習活動	主体的・対話的で深い学びを生みだすための教師の支援	時間
1　3種類の混合液から物質を取り出すミッションに挑戦し，主題を設定する。	○　1つずつ物質を取り出す必然性を感じられるように，溶解度の異なる物質の混合液を準備する。 ○　それぞれの物質の性質を調べる必要性に気付いた子どもの考えを取り上げ，主題「溶けている物を1つずつ取り出すにはどうすればよいか」を設定する。	2
2　炭酸カルシウム，食塩，ミョウバンの性質を調べる。	○　グループごとに解決方法を考えることで，自分事の問題解決を図ることができるようにする。 ○　質的・実体的な見方を働かせることができるように，温度による溶け方の違い，質量保存について結果や考えのずれを取り上げ，モデルで表しながら，グループの問題解決に生かすことができるようにする。	6
3　3種類の混合液から物質を取り出す方法を提案し，実際に取り出すミッションに再度挑戦する。	○　取り出し方のグループごとのずれを取り上げ，1つずつ物質を取り出すための方法を話し合う。 ○　考えた方法を試したり，再実験を促したりして，本単元での学びを生かすことができるようにする。	4 本時 2／4

❹ 本時の学習

(1) 目標

　　水溶液に溶けている溶質の濃さについて複数の実験結果をもとに話し合うことを通して，水溶液から溶質を取り出す方法を考えることができる。

(2) 展開

時間	学習活動	子どもの思い・姿
5	1　前時に計画した実験方法のグループごとのずれに気付き，課題をつかむ。	○　ミョウバンの水溶液を氷水で冷やしたらビーカーの底の方にたくさんの結晶ができていたから，急激に冷やしてミョウバンを取り出そう。 ○　温めた水でミョウバンを溶かした時にそのまま置いていたら上の方に膜が出てきたからゆっくり冷やしていったらいいと思うよ。 ○　ビーカーの下の方が濃いと思うから急激に冷やす取り出し方の方がいいんじゃないかな。
15	2　実験結果をもとに溶質の濃さについて話し合う。	○　私たちの実験では，ビーカーの上の方にも結晶が出てきたよ。だから，濃さの違いはあるけれど下の方が濃いとは言えないよ。 ○　結晶は温度が下がることによって出来てくるんだよね。 ○　4年生の学習で水は上の方から温まっていったよね。ということは，下の方から冷えてくるから下の方から結晶が出来やすいということじゃないのかな。 ○　ゆっくり冷やしていくと，上の方にも薄い膜のように結晶が出てきたよ。溶けているのは均一だから，温度が冷えやすいところから結晶が出てくると思うよ。 ○　ビーカーの底に結晶が張り付いていくと取り出す時に大変になるからうまく取り出すには，上の方で結晶化を進めた方がより多く取り出せるかもしれないな。
20	3　再結晶を用いた溶質の取り出し方を考え，実験を行う。	○　上の方にも溶けている物があるのならば，氷を浮かべてみるといいと思うな。 ○　全体がゆっくりと冷えていくようにしたら，もっとたくさんの結晶を取り出せると思うよ。炭酸カルシウムのろ過後，全体がゆっくりと冷えていくように冷やし方を工夫してみよう。
5	4　本時の学習を振り返る。	○　食塩やミョウバンが均一に広がっていることが分かってきた。冷やし方を工夫して，より多く取り出す方法を考えていきたい。

物質について調べてきた中で自分たちなりに取り出し方を考えた子どもたち。冷やし方のずれから，均一性について立ち止まり，お互いの実験結果の事実をもとに話し合う中で，見えないミョウバンがどうやって結晶化してくるのか実体的な見方を働かせていきます。

主体的・対話的で深い学びを生みだす教師の支援（発問・指示，教材・教具，評価）

○　水溶液から溶質を取り出す方法を考えている中で，冷やし方の違いについてずれが生じている２つのグループに対して，お互いの考えを交流するよう促す。

○　お互いの考えが濃さの違いについてのずれであることに焦点化した上で，全体に広げるよう促し，話し合いの場を設定する。

水溶液の中に溶けている物質は，どこも同じ濃さで溶けているのだろうか。

○　複数の実験結果を関係付けて，考察することができるように，グループごとに実験方法を考えるようにする。

○　実験の事実を根拠に考察を行うことができるように，どの実験結果と考察がつながっているのか問う。

○　水溶液内の溶質の均一性について考えをもつことができるようにコーヒーシュガーなどの色つきの水溶液について気付いている子どもの考えを取り上げる。

○　実験結果の共有を図ることができるように，１人１台のタブレット端末などで実験の様子や結果を記録させ，提示できるようにしておく。

○　グループ同士の結果を比較することができるように，全体で共有するグラフの条件は，子どもたちが調べた結果の中から特徴的な条件のものを取り上げるようにする。

【教材・教具】
○　タブレット端末
○　実物投影機
○　食塩
○　チョークの粉
　　（炭酸カルシウム）
○　ミョウバン
○　ビーカー
○　ガスコンロ
○　ガラス棒
○　模型

○　溶質の均一性に視点を焦点化することができるように，溶けている水溶液の中の様子をモデルでかき表しながら考えを説明するように指示する。

○　全体での話し合いをグループでの問題解決に生かすことができるように，グループ内で均一性の見方を用いて結晶を取り出す実験に生かしている子どもを称賛し，全体に広げるようにする。

○　学び方の指標をもとに，本時を振り返ることで自分の学びをメタ的に見直し，次の問題解決に生かすことができるようにする。

○　本時での学びを実感できるように，明らかになったことや明らかになりそうなことを記述するように促す。

【評価】
　水溶液の溶質の濃さについて考察したことをもとに，溶質の取り出し方を考え，表現している。（ノート・発言）

16　文章を読んで理解したことに基づいて，自分の考えをまとめ，私と太一の対談記を創ろう（海の命）　【光村6年】

　子どもたちは２学期の「やまなし」で，言語活動「６年１組やまなし書評を書こう」に取り組むことを通して，物語の全体像を具体的に想像したり，表現の効果を考えたりして読む力を身に付けてきている。その中で既有の知識や理解した内容等を結び付けて自分の考えを形成することについては，十分とは言えなかった。その要因は，設定した言語活動が物語の全体像を明らかにすることに，重点を置いたものとなっていたためであると考える。

　本実践の「海の命」では，文章を読んで理解したことに基づいて，自分の考えをまとめる力を身に付けていく。卒業を目前に控えた今，既習の指導事項(イ)の「構造と内容の把握」や(エ)「精査・解釈」の力を活用して言語活動に取り組み，既有の知識や理解した内容とを関連付けて考えを形成する力を高めていきたい。

　そのような学びを実現するために，本単元では「私と太一の『対談記』を創ろう」という言語活動を設定する。この言語活動に取り組む中で，物語を主体的に読み，友達や登場人物たちと対話し，そこから新たな意味や考えを想像できる深い学びを生みだしていく。

❶　単元について

(1)　本単元では，立松和平作「海の命」を取り上げる。これまで身に付けてきた登場人物の相互関係や心情などについて描写を読む力や，物語の全体像を具体的に想像する力を活用しながら，物語を読んで理解したことに基づいて，自分の考えをまとめることをねらいとする。

　　本教材「海の命」は，中心人物である太一が様々な人々とかかわる中で成長していく物語である。誰も潜れない瀬で大物のクエを仕留めても海の恵みと言って自慢しないおとう，千匹に一匹釣ればずっと海で生きていけると教えた与吉じいさ，太一を心配し夜も眠れなかったが最後にはおだやかで満ち足りた美しいおばあさんになる母など，かかわりある全ての人物に太一が成長する上での役割があり，太一は登場人物とのかかわりの中で大きく成長していく。しかし，場面の様子が詳細に描写されていないために，出来事の理由や行為の原因に関する判断を読み手に任せられている部分が大きい。そのような物語の描写が少ないために生まれる「飛躍」をどう解釈するかによって，様々な読みを創ることのできる作品となっている。

(2)　６年生２学期の「やまなし」では，「やまなし書評」を書くために，作品世界から感じられることを，題名，構成，作者独特の表現などと関連付けて読む学習を経験している。

　　本単元では，既習の読み方を活用しながら文章を読み，そこで理解した内容に基づいて，自分の考えをまとめ，「私と太一の『対談記』を創る」活動に取り組んでいく。この学習が，中学校での場面の展開や登場人物の描写に着目して，内容を読み取る学習につながっていく。

(3)　指導にあたっての留意点は，次の通りである。

① 第1次では，単元の学習課題「文章を読んで理解したことに基づいて，自分の考えをまとめ，人物相互の関係や物語の全体像などを関連付けて読み，私と太一の『対談記』を創る。」を設定する。この課題を解決する中で，グループで太一役と進行役を行き来しながら，対談記をより豊かなものにするための「わたしの問い」を立てさせていく。

② 第2次では，各自が立てた「わたしの問い」を明らかにしながら，実際に対談記を書く。基本はペアで活動しながら，部分的に完成した対談記を読み合うグループとして，4人1組を作る。「対談記」では，「①太一にとってのおとう」「②与吉じいさが教えてくれたもの」「③瀬の主『クエ』との出会いと結末」「④対談を通して（太一にとっての『海の命』とは）」の4章を完成させていく。①と②はグループで分担，③は両ペアとも取り組む。④はグループ全員で完成させる。また，①から④の中に「太一が考える母の存在」に触れさせていく。

③ 本時の学習では，「わたしの問い」を明らかにする中で生まれた「泣きそうになりながら思う」太一が「ふっとほほえむ」に変わった理由を全体で解決する。

② 単元の目標

(1) 思考にかかわる語句の量を増やし，話や文章の中で使うとともに，語句と語句との関係を理解し，語彙を豊かにすることができる。

(2) これまで身に付けてきた読み方を生かして，物語を読むことと言語活動を粘り強く往還して読み，読み取ることのできた内容と既有知識を結び付けて，自分の考えをまとめることができる。

(3) 言語活動に取り組む中で，これまで身に付けてきた読み方を生かして，自分の考えをまとめようとしている。

③ 指導計画（7時間取り扱い）

学習活動	主体的・対話的で深い学びを生みだすための教師の支援	時間
1 学習課題を理解し，見通しをもつ。	○ 単元を通して身に付けるべき力と言語活動がつながった学習課題を提示し，それを解決するための自分の問いを設定する。	1
2 対談記づくりに取り組む。	○ 子どもたちの対談記づくりの中で生まれた太一のクエに対する変容の捉え方のずれを取り上げ，そのずれとは何なのかを，叙述を関連付けながら全体で捉え直し，対談記の質を高める。	5 本時 4／5
3 パフォーマンス課題に取り組む。	○ 本単元で学習した相互関係と心情を読む力を使って，他の「いのちシリーズ」を使って対談記づくりに取り組ませる。	1

❹ 本時の学習

(1) 目標

　　対談記づくりに取り組む中で生まれた太一の変容の捉え方のずれを明らかにし，明らかになったことを生かして自分たちの言語活動を再考することができる。

(2) 展開

時間	学習活動	子どもの思い・姿
8	1　前時の続きを行い，第4章の対談記を完成させる。	○　昨日の「わたしの問い」は「『なぜ，泣きそうから，ふっとほほえむに変わったのですか。』に太一さんならどう答えるのだろう」だった。今日は，これを解決したい。
17	2　太一の変容はどうして生まれたのかについて，話し合う。	○　太一は瀬の主を，おとうと呼んでいるよ。瀬の主がおとうに見えたから，笑ったって答えるんじゃないかな。
		○　クエがおとうに見えるわけない。でも，その後に「殺さないで済んだ」とあるから，思い込もうとしたのかも。
		○　思い込む必要ってなに。だって，瀬の主を殺すことは太一の夢だったんだよ。ぼくなら絶対に突く。
		○　太一の夢って仇？ 1 に「おとうといっしょに海に出るんだ」とある。太一の夢は，おとうと海に出ることだよ。
		○　でも，なんで瀬の主がおとうに見えたの。父を殺したのはその通りでしょ。なんでおとうに見えるの。
		○　多分，与吉じいさが関係しているんじゃないかな。与吉じいさが死んだ後，海に帰ったって太一は言っているでしょ。だから，おとうも海に帰ったんだよ。
		○　クエだけじゃなく，与吉じいさもおとうも海の命なの。それに気付いたから，太一はクエを殺さなかったんだ。
15	3　話し合いを通して，明らかになったことを生かして言語活動を再考する。	○　そう考えると，ぼくたちの対談記はこのままじゃいけないよ。そこまで考えていなかったよ。ちょっと今書いているものを考え直してみよう。
5	4　本時の学習を振り返り，次時で第5章を完成し，友達と交流する活動への見通しをもつ。	○　授業を通して，クエを海の命と見ることで殺さないで済んだというのは，これまでおとうが言っていた「海のめぐみ」や与吉じいさの教えの意味が本当に分かったから分かった。これは言動を関連付けて読んだから分かったんだ。今日分かったことや読めるようになった読み方を生かして，次の時間に最後の第5章を完成させたい。

子どもたちは，対談記を書く中で，太一のクエに対する思いが変容したことへの解釈にずれが生まれました。このずれを取り上げ，太一の夢や瀬の主への呼びかけの意味とは何か等の問いを，言葉による見方・考え方を働かせて明らかにし，自分たちの言語活動を再考する学びを生みだしていきます。

主体的・対話的で深い学びを生みだす教師の支援（発問・指示，教材・教具，評価）

○　前時までの言語活動に取り組む中から，自分たちの言語活動を見つめ直すための問いを取り上げるようにし，その中で言葉による見方・考え方を働かせる問いかけを行っていく。

> 「太一さんはなぜ『泣きそうになりながら思う』から『ふっとほほえみ』に変わったのですか。」という質問に，太一ならなんと答えるのだろう。

○　この問いの解決の仕方は，物語で詳細に描写されていないために起こる飛躍をどのように埋めるかによって，多様に成立すると考える。そのため，ここで思考させるべきは，生まれた問いをどのように解決するのかという解決策のあり方である。子どもたちは問いの解決の過程で言動や描写を様々に関連付けた読みをするだろう。その中から他の問いを解決することのできる解決策を明らかにしていく。

○　本時の問いを解決する際，言葉による見方・考え方が働くのは，これまで読んできた内容を関連付けて読む中にある。太一の夢とは何なのか，またこれまで太一はおとうの死をどのように捉え，与吉じいさの教えをどのように捉えていたかということとを関連付けて考えさせる。

○　問いの解決の際，重要な分岐点となるのが「太一が追いかけてきた夢とは仇なのか，父に近づくことなのか」「太一は瀬の主をあえておとうと見たのか，瀬の主に父の姿が見えたのか」である。この分岐点についての読みを検討し，どのようにつなげて対談記を創るのか考えさせる。

○　全体で話し合った内容は自分たちの言語活動に返すようにしていく。全体で話し合ったことを，グループでの言語活動を見つめ直すための材料とさせていく。

○　グループや個人の学びによっては，全体での学びの後に，前時までの「わたしの問い」にもう一度立ち戻り，問いの発展と更新をしたりするなど，グループや個人の学びの状況に応じて，自分たちが取り組むべき内容を考えながら選択させて活動させていく。

○　本時での全体の学びを生かしてこれまで創ってきた対談記を再考し，書き直させていく。特に自分たちが話し合った内容のどの部分に焦点を当てて書くのかを考えて，活動に取り組ませる。

○　本時の振り返りでは，「太一の変容の原因」について見つめ直させる。自分が読めていなかった変容の理由について振り返ったり，これまでの学びの中で読み取ってきた人物像や心情，相互関係と本時で読み取った変容した理由をつなげて考えたり，自分の読み方の変容について自分の言葉で振り返らせる。

【評価】
太一の瀬の主クエに対する見方の変容が生まれた理由について考えたことを踏まえて，対談記を再考することができる。 （発言・言語活動）

1枚の紙から図形の仕組みについて探究しよう
（特設単元）

　第6学年「並べ方と組み合わせ方」の学習において「算数，理科，総合，体育で4時間の時間割を作る場合の数は何通りか」という問題を解決したところ「理科を2回入れる場合はどうなるのか」「4教科で5時間の時間割を作る場合はどうなるのか」など条件を変更してさらに学びを深めていく子どもたちの姿が見られた。

　このように，自ら課題を発見したり，その課題解決を経てまた新たな課題発見を繰り返したりする中で，数学的な見方・考え方を働かせ，探究し続けていく力を，図形領域においても身に付けてほしいと願う。

　そこで本実践では，1枚の長方形の紙から数学に関する問題を見いだし，探究していく単元を構成する。子どもたちが自由にその紙から数学に関する問題を生みだす中で，長方形の紙を1度だけ折って重なる部分の図形（重なり図形）に焦点を当て，その図形について観察したり操作したりしながら分析し，どのような特徴があるのかを明らかにする。そして，その特徴について「本当にそうなのか」「いつでもそうなるのか」と批判的に考え，自らが見いだした特徴が成り立つ理由について，今まで学んできた知識・技能を総動員し，構成要素に着目しながら説明していく。このような活動を通して図形に対する新たな捉え方をすることにより，中学校での学習にもつなげたい。

重なり四角形

① 単元について

(1)　本単元では，1枚の長方形の紙から数学に関する問題を見いだし，自らが定めた方向性に従って探究することを通して，粘り強く学び続ける態度を育成することを目指している。また，その探究活動の中で，目の前の図形の構成要素や構成要素間の関係に着目しながら，小学校6年間で培ってきた知識・技能を活用して問題を解決することで，図形に対する見方や感覚を豊かにすることをねらいとしている。

(2)　子どもたちは，第5学年で「図形の角」「正多角形と円」，第6学年で「対称な図形」「拡大図と縮図」など図形に関する学習を進めてきている。本単元においては，それらの学習を活かして目の前の図形を操作・観察し，その活動を通して発見した図形の特徴が成り立つ理由について説明していく。この学習は，中学校における論証に活かされる。

(3)　指導にあたっての留意点は，次の通りである。

①　導入においては，1枚の長方形の紙を渡し，その状況に親しませるために自由に遊ばせる。遊びの中から数学に関するものを価値付けていき，その紙を使ってどのような数学に関する問題を作ることができるかを考える場を設定する。まずはどんなアイデアでも受け入れ，自由に発表させる。アイデアが出尽くしたところで「計算に関する問題」「図形に関する問題」など領域ごとに仲間分けさせ，枠組みを作って方向性を定めやすくする。特に図形領域に関

する問題については子どもたちの関心が向くように丁寧に扱いそちらに方向付ける。

② 重なり三角形の特徴を明らかにする際は，複数の重なり三角形を変化が分かりやすいように提示し，比較させることで一般三角形が作れないことを明らかにできるようにする。

③ 重なり四角形の特徴を明らかにする際は，手元の重なり四角形を操作させることで，辺の位置関係に着目させ，紙を折る際に，もとの長方形の辺に合わせて折る場合以外は，平行な辺の組合せを作ることができないことから，ひし形や台形が作れないことを説明させる。

④ 本時の学習では，重なり五角形を手元で作らせ観察させることで特徴を明らかにさせる。また，発見した特徴が成り立つ理由について説明する際は，直角三角形に目を向けることで文字や式による説明の足掛かりとするために，配付する紙の直角部分に印を付けておく。

② 単元の目標

(1) 1枚の長方形から作ることができる重なり図形の特徴と，その特徴が成り立つ理由について理解することができる。

(2) 1枚の長方形から作られた重なり図形について「辺の長さ」「角度」「辺の位置関係」などの見方で見ることで重なり図形の特徴を見いだし，その特徴が成り立つ理由を説明することができる。

(3) 1枚の長方形からどのような数学に関する問題を見いだすことができるかに関心をもち，自らが定めた方向性に従って探究し続けようとする。

③ 指導計画（7時間取り扱い）

学習活動	主体的・対話的で深い学びを生みだすための教師の支援	時間
1 1枚の長方形から問題を考える。	○ 1枚の紙を渡し，自由な発想で遊ばせる。 ○ 1枚の紙からどのような問題を作ることができるかを考えさせ，それらの問題を仲間分けさせる。	2
2 重なり図形について研究する。	○ 重なり六角形ができない理由を操作をもとに説明させる。 ○ 重なり三角形や重なり四角形を観察したり，操作したりすることで，それらの特徴を見いださせる。その際，見いだした特徴が本当に成り立つのか考え，説明させる。 ○ 重なり図形の観察から特徴を見つけさせ，その特徴が成り立つ理由を説明するよう促し，手元の重なり五角形を観察したり，操作したりすることをもとにして説明させる。	4 本時 4／4
3 単元レポートを書く。	○ 重なり図形について新たに抱いた問いについて単元レポートにまとめさせる。	1

❹ 本時の学習

(1) 目標

重なり五角形について分析する活動を通して，その特徴を見いだすとともに，その特徴が成り立つ理由について説明することができる。

(2) 展開

時間	学習活動	子どもの思い・姿
5	1　重なり図形について復習し，本時の課題を把握する。	○　重なり三角形は，直角三角形と二等辺三角形と直角二等辺三角形だけだった。 ○　重なり四角形は長方形と一般四角形だけだった。 ○　重なり五角形は特徴がなさそうだけどあるのかな？
10	2　重なり五角形について分析する。	○　辺の長さを測ってみよう。 ○　角度を測ってみよう。 ○　黒板の図を見比べてみたら角度が同じになっているところがありそうだよ。 ○　もう一度作って確認してみよう。 ○　これっていつでも同じ角度になるのかな？
25	3　見いだした重なり五角形の特徴が成り立つ理由を明らかにする。 (1)　グループで考える。 (2)　全体で共有する。	○　向かい合う角（対頂角）の大きさは等しかったね。 ○　直角三角形に注目して考えると等しい角度になるところが見えてきたぞ。 ○　右上と左上の角の大きさはどちらも「$180-x$」と表すことができるから必ず等しくなるよ。 ○　長方形の紙をきれいに2つに折ったところから少しずつずらして五角形を作っていくと，右下の角度と左下の角度は同じだけずれていくから角度は等しくなりそうだよ。（操作的な説明） ○　折った紙を開いたところの角度は等しくなるってことが使えるんじゃないかな。（対称，合同の見方） ○　右下と左下は「$(180-y)\div2$」で表せそう。
5	4　本時を振り返る。	○　今回は「角度」に着目してみたら重なり五角形の特徴を見つけることができました。 ○　ぼくは紙をずらしていくことで操作的に説明したけれど，角度を文字で置いて文字や式で説明する方法も分かってよかったです。 ○　元の紙の形を変えたらどうなるかやってみたい。

前時までに，重なり三角形と重なり四角形の特徴について明らかにしてきた子どもたち。次は重なり五角形について分析したいという思いをもっています。自ら見いだした重なり五角形の特徴に対して「本当にそうなっているのか」と批判的に考え，その特徴が成り立つ理由について解明していきます。

主体的・対話的で深い学びを生みだす教師の支援（発問・指示，教材・教具，評価）

○ 壁面に掲示してある「学びの足跡」（前時までの学習の流れ）と算数日記をもとにして前時までを振り返らせ，まだ重なり五角形の分析が行われていないことを確認する。

重なり五角形には共通する特徴はあるのだろうか。

○ 図形を観察する際の視点（辺の長さ，角度，辺の位置関係等）を確認しておくことで，活動に取り掛かりやすくする。

○ 辺に着目している子どものつぶやきを取り上げ，辺の長さには特徴はなさそうだということを明らかにしておく。

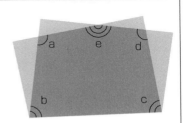

重なり五角形

○ 角度を測り，図にかき込んでいる子どもの重なり五角形を黒板に並べ，角度に着目して比較させる。その際「それぞれの図形に共通するところはどこか」という視点をもって比較させる。

○ 「角度が等しくなりそうなところがある」という気付きをもとに，もう一度重なり五角形を作って角度を確認させる。

○ 「いつでもこうなる？」「本当に角度が等しくなる？」という発言から第2の課題を設定する。

「2組の角の大きさが等しくなる」という特徴はいつでも成り立つと言えるのだろうか。

○ 手元で操作するための図形を必要とする子どもには，同じ形の重なり五角形を用意しておき，子どもたちが共通の図形イメージで考えることができるようにする。その際，直角部分に印を付けておき，直角三角形の角の大きさに目が向きやすいようにしておく。

○ 右上と左上の角の大きさが等しいことを明らかにすることから考えるように促し，全員が同じ部分に着目して考えられるようにしておく。

> 【評価】
> 発見した重なり五角形の特徴が成り立つ理由を説明することができる。（ノート）

○ 紙を開いた部分の角度が等しくなっていることに気付いた子どもを取り上げ，全体で共有しておくことで，説明の足場づくりとする。

○ 式による説明を発表した後は，式のどの数字や文字が何を表しているかを問い，確認する。

○ 本時の課題に対して自分がどう考え，友達の意見を聴いて自らがどう変容したのか，また次時にどんなことを学びたいのかをノートに振り返らせる。

○ どのような「見方」を働かせて学習を進めたのかについて振り返っているものや，説明する時に工夫したことについて振り返っているものを取り上げて発表させる。

18 つくろう！オリジナル BGM

～循環コードにのせて～ 「茶色の小瓶」「カノン」「チェリー」，ラジオ番組の BGM など

　子どもたちは６年生までにリズムアンサンブルや旋律づくりなどを行ってきたが，個人で１つのパートをつくることがほとんどで，普段身の回りで耳にする音楽との間に距離を感じているように見受けられる。本題材を通して，ポップスやラジオの BGM 等でよく用いられる「循環コード」による旋律と伴奏，低音パートなどが重なった音楽をつくることで，身の回りの音楽を一層身近に感じられるようになってほしいと願う。

　しかし，循環コードによる音楽づくりは複数声部を扱うため，譜面上でできても演奏に難しさを感じる子どもが多く，３つの役割それぞれを演奏し，全体を味わうことについては以前から課題があった。また，作品を教室で演奏するのみにとどまることが多かった。

　そこで本題材では，循環コードの特性を生かして，グループ・個人でつくった音楽をつなげた BGM の CD 作成を目標に設定する。そして，タブレット端末と音楽制作アプリを用い，グループでの音楽づくりを個人の音楽づくりにつなげる題材構成にすることで，技能的な課題を解消したい。「掃除」「勉強」等，共通の BGM テーマを話し合って音楽づくりを進め，テーマに合う音楽にするための様々な工夫を話し合う中で，題材の目標へ迫っていきたい。

❶ 題材について

(1)　本題材では，２つ以上の和音の組み合わせが繰り返されるコード進行（循環コード）をもとに，その働きが生みだす音楽の流れや響きを感じ，全体の構成に見通しをもちながら旋律や伴奏をつくって楽しむことを目標としている。

　循環コードの作曲技法は，ポップスやゲーム・ラジオなど子どもたちが日頃慣れ親しんでいる音楽によく使われているため，学習を通して，身の回りの音楽も比較的簡単に自分たちの手でつくり上げることができるという実感がもてると考える。本題材では，「勉強」「掃除」などの BGM テーマと用いる循環コードを選択し，それに合った低音パート，和音伴奏のパート，旋律を，タブレット端末と音楽制作アプリを用いて８小節程度つくるようにする。テーマに合った表現や全体構成を考える中で，音色，旋律，リズム（伴奏），強弱，重ね方や繰り返し・変化などの音楽の仕組みに着目した表現の工夫ができるようにしていく。

(2)　子どもたちは，第５学年で歌詞に対して旋律をつくる学習を行っている。また，第６学年では和音の構成音から音を選択して副旋律をつくる学習を行っている。本題材での和音の響きや流れを意識した旋律・伴奏づくりの学習は，中学校での創作の学習へつながっていく。

(3)　指導にあたっての留意点は，次の通りである。

①　導入においては，循環コードの楽曲を複数鑑賞し，共通点を考えたり，簡単な低音パートを演奏したりすることで関心を高め，「自分たちでもつくれそうだ」「循環コードについて知りたい」などの思いから，主題「循環コードでオリジナル BGM をつくろう！」を設定す

る。

　また，タブレット端末と音楽制作アプリによる低音・伴奏パートの自動演奏を体験させ，比較的簡単にできる実感と，音楽づくりの見通しをもつことができるようにする。その上でBGMを使う場面（テーマ）や音楽づくりの諸条件を話し合って決め，意欲を高めたい。

②　第2次では，グループでBGMづくりに取り組ませる。その際，循環コードでの音楽づくりやタブレット端末の操作に関して，グループ内でのアドバイスを促す。また，導入で提示した鑑賞教材はタブレット端末に入れておき，第1次で学習した循環コードの仕組みについては掲示物を準備して，参考にできるようにしておく。

③　第3次では，グループの作品を生かし，パフォーマンス課題としての個人での音楽づくりに挑戦させる。まとまった音楽を1人でつくる達成感を味わうことができるようにしたい。

④　本時においては，「テーマに合った表現かどうか分からない」などの意見から課題を設定する。それらを全体で検討することで，音色，旋律，伴奏のリズムなどの工夫を見いだし，各グループのBGMを修正できるようにしていく。

② 題材の目標

(1)　循環コードの仕組みと曲想，音楽の構造等とのかかわりを理解し，循環コードを生かして簡単な音楽をつくる技能を身に付けている。

(2)　テーマに合った音楽をつくるために，音色やリズム，各パートの重ね方や反復・変化などの音楽の仕組みを工夫することができる。

(3)　循環コードの流れや面白さを感じ取り，音楽表現を追求することを楽しみながら，主体的・協働的に音楽づくりの学習活動に取り組もうとしている。

③ 指導計画（7時間取り扱い）

学習活動	主体的・対話的で深い学びを生みだすための教師の支援	時間
1　循環コードを知り，学習計画を立てる。	○　循環コードを用いた楽曲を複数鑑賞し，その音楽づくりを簡単に体験させ，諸条件を子どもたちと話し合って学習計画を立てる。	2
2　グループでテーマに合うBGMをつくる。	○　グループ内の学び合いを促し，第1次で提示した鑑賞教材や循環コードの仕組みについては資料等を用意し活用できるようにしておく。 ○　テーマに合った旋律や伴奏になっているかどうかについて考えているグループを取り上げ，それらを全体で検討することで，今回の音楽づくりのポイントを見いだし，BGMづくりに生かせるようにする。	3 本時 2／3
3　個人でBGMづくりに取り組む。	○　グループ作品を参考に，個人でのBGMづくりに取り組ませる。 ○　作品を自己評価させ，学んだことを自覚化できるようにする。	2

❹ 本時の学習

(1) 目標

　　テーマに合った表現を検討する活動を通して，音色や旋律，伴奏のリズムなどに着目した工夫を見いだし，自分たちのグループの表現を再考することができる。

(2) 展開

時間	学習活動	子どもの思い・姿
5	1　前時を振り返り，本時の課題を設定する。	○　「ノリノリ」で「お風呂」のイメージでつくっていて，伴奏はいいと思うけど，旋律がなんだか合わない気がしています。 ○　他のグループがどう思うか，きいてみたいです。
20	2　テーマや伴奏に対して，旋律が合わないと感じているグループのBGMを聴き，改善のアイデアを考える。 ・試聴 ・感想や改善案の交流と試しの演奏	○　主役の旋律があまり聞こえないよ。バランスを調節しよう。 ○　バランスもだけど，楽器の音色自体がもっとはっきりした方がいいと思う。オーボエはどうだろう。 ○　なんだか時々，変な感じがするところがあったような気がする。伴奏と合わない感じがした。 ○　音がコードに合わないんじゃないかな。ゆっくり聴いて確かめてみよう。 ○　4小節目の最後の伸ばしが気になるな。ドじゃなくて，ミにするといいと思うよ。 ○　きれいにはなったけど，「ノリノリ」感を出すには，リズムを変えた方がいいと思うな。付点のリズムとか。
15	3　自分たちのグループのBGMについて，どこをどう直せばよいか，試しながら改善案を考える。	○　コードの音を確かめた方がいいね。ここは合わない感じがするから変えよう。 ○　最後の音は終わらない音にしよう。ドにするとつながりがよくないみたいだ。 ○　改めて聴いてみるとバランスがよくないね。低音をもっと響かせた方が，おちついて「リラックス」できそう。 ○　クラリネットの音色は「リラックス」には合いそう。 ○　「疲労回復」のイメージって，リズムは大まかな方がいいかな。細かい方が元気出る感じがするかな。
5	4　本時を振り返るとともに，次時に改善する内容について見通しをもつ。	○　最後の音を変えたら，つながる感じになりました。 ○　旋律づくりが途中なので，コードの音を確かめながら，伴奏と合うものにしたいです。 ○　強弱のバランスが納得いかないので次回変えたいです。

前時にグループで BGM をつくり，一応形にはなったものの，テーマに合った表現かどうかを気にしているグループがあります。本時ではその BGM について，テーマに合う音色や循環コードに合った旋律（リズム・音程），バランスの工夫などを全体で検討し，修正のポイントを見いだしていきます。

主体的・対話的で深い学びを生みだす教師の支援（発問・指示，教材・教具，評価）

○　前時の振り返りで出た感想や意見を共有し，次のような課題を設定する。

> **テーマに合った音楽表現は，どう工夫すればよいのだろう？**

○　共通のテーマ（お風呂）の BGM について，テーマに合った表現になっているかどうかが気になっているグループ（D グループ）の作品を取り上げ，全体で改善方法を検討する。

○　D グループの作品の特徴から，音色や旋律のリズム・音程，パートのバランスや伴奏のリズムパターンなどに着目した意見が出ることが予想される。これらの要素がいくつか出た場合，より影響の大きい要素を問い，優先順位を考えさせることで扱う要素を焦点化し，時間の許す限り順次工夫を検討するようにしたい。ここで主に扱いたいのは循環コードに合った旋律の音程である。子どもたちは，循環コードの

【教材・教具】
○　タブレット端末
○　音楽制作アプリ
○　抽出したグループの旋律の拡大譜
○　大型テレビ
○　循環コードについての掲示資料

和音を意識しつつも，違和感の強い音程を選んでいる場合がある。音楽制作アプリの特性を生かし，伴奏のみを聴いた後に，旋律を重ねて再度聴くことで，違和感のある場所に気付かせ，コードを確かめながら修正できるようにしたい。また，音色やバランスについての意見も出ると予想する。旋律以外の他の要素についての工夫も，それぞれ複数の方法が考えられるので，実際に試しながら印象の違いを感じ取らせ，板書に工夫を残していきたい。

○　活動3に移る際には，全体で検討して見いだしたことをどのように自分たちのグループの BGM に生かすかを問う。そして，着目する音楽の諸要素や音楽の仕組みのフラッシュカードを黒板に貼らせることで，各グループの考えの視覚化と共有を図る。

○　循環コードの仕組みについての配付資料の活用を促し，旋律や伴奏等の修正の際に板書と併せて参考にできるようにする。

○　机間指導で各グループの工夫を把握し，全体で効果を実感できそうな作品の紹介を促す。

【評価】
グループの BGM について，テーマに合った音楽表現の工夫を再考することができる。（観察・ノート）

○　D グループをはじめ，数グループに工夫した部分を発表させ，それに対しての感想を交流して効果を実感できるようにする。言葉だけでなく，可能な限り実演によって紹介する。

○　本時の中で見いだした表現の工夫と，グループの BGM にどのように生かすかについての振り返りをワークシートに書かせる。

19 ダイナミックボックス ～跳び箱運動～（器械運動）

　これまでの跳び箱運動では「跳べた」「跳べない」がはっきりしているため「より高く跳べたか」や「より遠くに跳べたか」に子どもたちの意識が集中してしまい，動きの質が軽視されてしまうことに課題があった。また，各々の跳び方に限定されたコツの習得であったことから，他の場面では活用しにくい技能となっていたため，自分や仲間の伸びについて跳び箱運動を苦手と感じている子どもほど，実感しづらい授業展開となっていた。

　このような状況を打破するためにも，「跳べた」「跳べない」といった技能だけではなく，動きの質や動きの高まりの過程を楽しめるような授業展開をすることで，「する・みる・支える・知る」といった体育の見方・考え方を十分に働かせながら課題解決に向かっていってほしいと願う。

　そこで，本実践では，跳び箱運動における意識を，高さや距離から，膝の伸びや背中の反りといったダイナミックな動きの要素へと目を向けていく。また，跳び方の難易度やダイナミックさという観点をもち，子ども自らが採点者となり，自分や仲間の跳び方の基準を吟味しながら評価し合う場を設ける。このような授業を展開することで，仲間とかかわり合いながら，跳び箱運動におけるダイナミックな動きのよさや楽しさを味わえるようにしていく。

1 単元について

(1)　本単元では，着手・切り返し・着地などの姿勢に着目しながら，膝の伸びや背中の反りといったダイナミックな動きで跳び箱運動（開脚跳び・抱え込み跳び・台上前転・首はね跳び）を行う。その中で，ダイナミックな動きになることのよさや楽しさを味わうことをねらいとする。

　　子どもたちは技の難易度とダイナミックさについて話し合いを繰り返しながら自分やチームの課題解決に向けて活動していく。その中で次第に自分や仲間の動きを分析的に把握し，着手・切り返し・着地と，膝の伸びや背中の反りの関係に気付き始めていく。また，仲間の試技を採点することにより，試技と点数の整合性を説明しなければならないという必然性が生まれ，個人個人の感覚ではなく，統一された基準が必要になってくる。このことにより，ダイナミックな跳び方の要素が明確化していき，子どもたちの課題を焦点化していく。このように，動きの質やその過程を楽しめる単元構成にすることで，子どもたちがかかわり合いながら，次から次へとよりよい跳び方を追求し続ける姿につながると考える。

(2)　子どもたちは，跳び箱運動の学習として，中学年までに開脚跳びや抱え込み跳び，台上前転等の支持系の技や回転系の技を学習しながら，着手・切り返し・着地の姿勢について学習してきている。高学年では，これまでの技をよりダイナミックにするために，技一つ一つの動きを大きくしたり，はね系の跳び方を取り入れたりしながら，よりダイナミックな動きへ

と発展させていく。これらの積み重ねが，中学校での腕支持を使った倒立系の技に発展し，さらに動きを大きくした跳び方へとつながっていく。

(3) 指導にあたっての留意点は，次の通りである。

① 1つの跳び箱を縦でも横でも跳べるようにしたり，2〜6段の高さの跳び箱を用意したりすることで，自分に合った場を選択できるようにする。

② 技の難易度とダイナミックさについて，子どもたち自身が採点する指標を作り出していくことで，跳び箱運動における動きの要素に視点が向くようにする。また，タブレット端末を固定し，いつでも気になった場面を振り返ることができるようにする。

③ 3人1組のグループ及びペアグループを編成し，お互いに評価し合いながら活動することで，ダイナミックさの基準を明確化していく。

④ 本時の学習では，うまくいかない首はね跳びの場面を想定し，如何にして背中を反らすかを考えさせる。その中で，うまくいった時とそうでない時の切り返しのタイミングの違いに気付かせ，繰り返し試しながら最適解を導き出そうとする姿を促していく。

❷ 単元の目標

(1) 膝の伸びや背中の反りがダイナミックな動きにつながることを理解し，膝を伸ばしたり，背中を反ったりする動きを使いながら跳び箱運動をすることができる。

(2) 自己やグループの課題の解決に向けて，自分や仲間の試技を分析的に捉え，跳び方を工夫することができる。

(3) 運動に積極的に取り組み，互いのよさを認め合い助け合いながら跳んだり，場の安全に気を配ったりすることができる。

❸ 指導計画（6時間取り扱い）

学習活動	主体的・対話的で深い学びを生みだすための教師の支援	時間
1 学習の見通しをもつ。	○ 学習の進め方を確認し，安全で楽しく活動するためのルールを適宜話し合いながら設定していく。 ○ 様々な場に挑戦させ，自分の現状を把握させる。	1
2 開脚跳び・抱え込み跳びを行いながら，仲間と評価し合い，動きの改善を図る。	○ 子どもたちの悩みや困り事を取り上げ，人体模型を使ったり，実際に動きを見せたりしながら，課題解決につなげていく。 ○ 考えを可視化しながら，共通点を導き出させることで，ダイナミックさの要素に視点が向くようにする。	2
3 台上前転・首はね跳びを行いながら，仲間と評価し合い，動きの改善を図る。 (1) 台上前転の動き (2) 首はね跳びの動き	○ 作成した指標を試技に当てはめることで，ダイナミックな跳び方をするための着手・切り返し・着地に気付かせるようにする。 ○ 台上前転と首はね跳びの違いに着目させていくことで，切り返しのタイミングに気付かせるようにする。	3 本時 2／3

❹ 本時の学習

(1) 目標

首はね跳びにおける，切り返し（背中の反り）のタイミングを探ったり，評価し合ったりする活動を通して，ダイナミックな首はね跳びにつなげることができる。

(2) 展開

時間	学習活動	子どもの思い・姿
3	1　準備運動を行う。	○　腕や肩・背中をしっかり動かしておこう。
5	2　本時の課題を確認する。	○　首はね跳びは背中がついちゃうんだよね。どこで背中を反ればいいかが分からなくてダイナミックさにつながらない。
		○　足が上に来た時に背中を反る方がいいと思うんだけど。
		○　私は首がついた時がいいと思うんだけど。
20	3　試しの場で動きを試す。	○　まず上に足が来た時に反らしてみるよ。
	(1)　試しの動きを行う。	○　これじゃあ，着地の時に跳び箱の角にぶつかるから，もっと手前で背中を反らし始めた方がいいんじゃない。
		○　首がついた時は？
		○　足を上げる勢いで背中を反るようにするとダイナミックな感じが出るよ。
		○　肩倒立からブリッジするような感じにするといいよ。体育祭でやった組体操の時も，肩倒立は膝を伸ばして，背中を反るようにするときれいだよって言われたよね。
	(2)　全体で話し合う。	○　首がついた時から，足をコンパスのように大きく回すようにするとうまくいきました。
		○　そのことを指標に入れておけば，みんなが気を付けながら試すことができるんじゃないかな。
	(3)　話し合ったことをもう一度試す。	○　着手が手前すぎると角に背中をぶつけるから，台上前転と違って，跳び箱の中心ぐらいに手を着いて，肩倒立の体勢になった方がいいよね。
10	4　ペアグループで採点し合う。	○　おしい，足よりお尻が先にいってるから，なかなか背中が反れないんだよ。
		○　でも足を振り上げるところの膝が曲がってるんだよね。
5	5　学習のまとめをする。	○　□□さんは台上前転の時の癖で膝が曲がっていたけど，伸びるようになったら背中が反るようになってダイナミックになりました。
2	6　整理運動を行う。	

ダイナミックな首はね跳びにするためには，膝の伸びや背中の反りが重要であることは分かっていても，背中を反らすタイミングがつかめない子どもたち。本時は，切り返しのタイミングを探る試しの場を通して，首はね跳びにおけるダイナミックな動きを明らかにしていきます。

主体的・対話的で深い学びを生みだす教師の支援（発問・指示，教材・教具，評価）

○ 既習事項を本時の動きに生かすことができるように，学習の足跡を見ながら膝の伸びや背中の反らしを視点にして学習の振り返りを行う。

○ 人体模型を使うことで，背中を反らすタイミングに視点を焦点化できるようにする。

どのタイミングで背中を反らせば，ダイナミックな首はね跳びになるのだろう。

○ 背中を反らすタイミングに焦点を当てるために，試しの場では助走から着手までを省き，跳び箱やマットの上で前転の体勢を整えた状態でスタートさせるようにする。

○ 跳び箱やマットの上では前転の体勢をとることが困難な子どものために，ステージ上にもマットを敷き，下のセーフティーマットに着地できる場を設ける。

○ 1つの場に最低3人以上いることを確認し，跳び箱の両側にサポートする人を必ずつけることを徹底する。

○ 適宜，据え置きのタブレット端末で振り返られるようにする。

○ 試しの場で導き出した考えを共有し，よりよい動きを生みだすことができるようにする。

○ 人体模型を使い，背中の反りのタイミングを視覚的に捉えやすくする。

○ 背中を反るタイミングについて具体的な動きを指標に付け加えながら，試技を繰り返すことができるように，肩倒立など，これまで身に付けてきた動きで例示できるものに立ち止まり，全体に広げる。

○ ペアグループで評価し合うことで，新しい視点を生み，その説明がアドバイスにつながるようにする。

○ グループ内でも説明がより具体的になるように，スローモーションや一時停止の動きを使ったり，人体模型や，タブレット端末を使ったりして，視覚的にも捉えやすくしながら説明できるようにする。

○ 分かったことやうまくいったこと，できるようになったことを確認する。

○ 仲間の良い行動にも目を向けさせ，全体で高まろうとする意識につなげる。

○ 子どもたちがうまくいかずに悩んでいること等を取り上げ，次時の課題を確認する。

【教材・教具】
○ 跳び箱
○ マット
○ セーフティーマット
○ タブレット端末
○ スタンド

【評価】
肩倒立の体勢になったところから背中を反る動きを使いながら，ダイナミックな首はね跳びにつなげることができる。
（観察・採点ボード）

1年 算数科

20　どちらがひろいかな（広さ）

【東書1年】

　子どもたちは2学期の「どちらがながい」の学習で，長さを比較する活動を通して，直接比較，間接比較，任意単位による測定を見いだすことができた。しかし，任意単位による「長さの数値化」等，それぞれの比較方法がもつよさにまでは気付くことができなかった。

　そのような比較方法のよさに気付くためには，対象をどのようにして比較するのか，その比較方法を試行錯誤して見いだす中で，子どもの口から「他の方法も使えるが，この方法が一番正確に比べられる」「簡単に比べられる」などの言葉が自然と出てくるような活動が必要だと考える。そのために，これまでの学びでは乗り越えられないような問題を設定する。こうすることで，子ども自身が試行錯誤しながら解決までの過程をたどっていくことができる。そのような活動をする中で，それぞれの比較方法のよさに触れさせ，対象に応じた最適な比較方法を判断できるようになってほしいと願う。

　そこで，本実践では，そのままの状態では，直接比較や間接比較，任意単位による測定が難しい状況を設定することで，切って重ねて比べられる直接比較のよさや任意単位による数値化のよさに触れさせていく。このようにして学んだ比較方法を身の回りのものにも活用することで，生活の中にある広さに目を向け，概念を深めてほしいと考える。

1　単元について

(1)　本単元では，異なる形や動かせない物など，特徴のある対象の面の広さを比べることを通して，直接比較や間接比較，任意単位による測定などを見いだすことができるようになることをねらいとしている。さらに，対象に応じて，比較方法を判断できるようになることもねらいとしている。

(2)　子どもたちはこれまでに「長さ」や「かさ」の学習で，長さやかさを対象とし，直接比較，間接比較，任意単位による測定を見いだしてきた。本単元では，広さを対象とし，比較する活動を通して，その特徴に着目し，比較方法を見いだしていく。本単元で学習した内容は，第2学年で学習する「長さ」や「かさ」，第4学年で学習する「面積」での普遍単位による測定の素地となる。

(3)　指導にあたっての留意点は，次の通りである。

①　単元の導入では，対象物の2つの面を重ね合わせる直接比較や面を写し取って比べる間接比較をたくさん経験させることで，長さと広さの違いを明らかにし，どの部分が広さをさしているのか認識させるようにする。

②　「長さ」や「かさ」で見いだした比較方法を学びの足跡として掲示しておくことで，子どもたち自身がいつでも振り返ることができるようにする。その際，比較方法で共通している

部分などに目を向けさせることで，統合的に考えさせるようにする。

③ 本時の学習では，パターンブロックを使った陣取りゲームをグループで行うことで，広さを比較する必然性を生み出すとともに，任意単位のよさに気付くことができるようにする。具体的には，マス目の陣取りではなく，パターンブロックの陣取りを行うことで，最初から任意単位が見えない状態をつくっていく中で，子どもたち自身に任意単位を見いださせていくことができると考える。また，陣取りのルールでは，6個のブロックを取った時点でゲームを終了するという項目を設け，全員が同じブロックの個数になるようにする。そのことにより，陣の広さは，ブロックの個数には関係なく，ブロック1つずつの広さだけが関係しているということに気付くことができるようにする。

④ グループでの陣取りを行うことで，勝敗を決定するために，4人分の陣を比較しなければならない状況をつくる。このように，4種類の形を重ねて直接比較することが難しい状況に出合うことで，形を形成しているブロック1つずつに着目させ，ブロックを使った広さ比べに向かうことができるようにする。比較する活動の中で出てきた「使っているブロックが違うから，広さが比較できない」「4つ比べるのは難しい」等の困り事が出たら，全体で解決していく場を設定する。

② 単元の目標

(1) いろいろな形の折り紙を，重ね合わせたり，写し取ったりして比べる直接比較や間接比較，ブロックを組み合わせできた形を，他のものを単位としてその幾つ分かで広さを表す任意単位による測定の方法を理解することができる。

(2) 比較する対象の特徴を捉えることで，広さの表し方や比べ方を見いだし，説明することができる。

(3) 目的や対象に応じた比べ方があることに気付き，身の回りにある物に対して，最適な比較方法や任意単位を考えようとする。

③ 指導計画（3時間取り扱い）

学習活動	主体的・対話的で深い学びを生みだすための教師の支援	時間
1 形に応じた比較方法を考える。	○ 重ねるだけでは比べられない状況をつくり，切ったり折ったりする等，他の方法にも目を向けさせる。	1
2 対象の特徴に応じた比べ方を考える。	○ ブロックを組み合わせてできた形の広さを比べる活動を設定することで，ブロックを1つの単位として使うことのよさに気付かせる。	1 本時
3 算数レポートをまとめる。	○ 身の回りにある物を自由に選ばせ，その物における広さを認識させ，これまでの学習とつなげながら，最適な比較方法や広さを表すために適した任意単位を，算数レポートにまとめさせる。	1

❹ 本時の学習

(1) 目標

　　ブロックを組み合わせてできた形の広さの比べ方を話し合うことを通して，任意単位を用いて広さを比べる方法を見いだすことができる。

(2) 展開

時間	学習活動	子どもの思い・姿
8	1　問題状況を把握する。	○　この中にブロックが入っているの？　どんなブロックが取れるかドキドキするね。大きいのが出たから勝てそう。
7	2　グループで陣取りを行う。	○　まだ，3回しか取ってないから，どっちが勝つか分かんないよ。 ○　赤が2つあるから私の勝ちじゃない？ ○　緑のブロックは取らない方がいいね。でも，もう緑しかないような気がする。
10	3　グループで出来た形を見合い，広さを比べる。	○　重ねて比べられないかなあ。 ○　でも，動かしたくないよ。重ねないで比べる方法がないかな？
15	4　広さを比べる方法を話し合う。	○　ブロックの数で広さを比べればいいんじゃない？ ○　でも，使っているブロックがバラバラで難しいよ。 ○　○○君と△△さんの陣は，緑が1つ分違うよ。 ○　本当だ，違うブロックが青と緑だけだから，緑が1つ分だね。だって，緑が2つで青1つ分だから。 ○　緑のブロックがいくつあるかで比べると，広さが比べられるんじゃない？ ○　緑で比べると，どのくらいの広さなのかまで分かるよ。 ○　緑が2つ分違うね。
5	5　本時の学習を振り返る。	○　「1こ分くらべ」って名前にしよう。長さやかさの時と同じ名前がつけられるね。 ○　ブロックが同じ数だったら，形が変わっても同じ広さだよ。 ○　長さやかさの時もいくつ分で表したね。 ○　ブロックを使うと，どちらがどれだけ広いかが分かる。 ○　広さが数で表せられるのは便利だね。

前時には，いろいろな形の折り紙の広さを比べるために，折り紙を重ねたり切ったりして比べています。本時では，パターンブロックで陣取りゲームを行うことで，重ねて比べることが難しい状況をつくり，ブロック１つずつの広さに着目させ，任意単位による比べ方を見いだしていけるようにします。

主体的・対話的で深い学びを生みだす教師の支援（発問・指示，教材・教具，評価）

○　１つずつブロックを取っていき，そのブロックを敷き詰め陣を作っていくことで，ブロックの広さに着目させる。

○　ブロックを取る回数を６回で終わるように指示し，ブロックの個数を揃えることで，ブロックの形以外の条件は揃えるようにする。

赤：　　　　青：　　　　緑：

【教材・教具】
○　提示用パターンブロック
○　児童用パターンブロック
○　ブラックボックス

○　全グループの陣取りした結果が同じにならないように，各グループでそれぞれのブロックの数を基本の数（赤４個，青７個，緑13個）から１，２個変えるようにする。

○　４つの形を同時に比べることが難しいという困り事を取り上げ，課題を設定する。

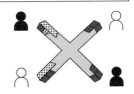

４つのかたちのひろさをくらべるにはどうしたらいいのだろうか。

○　ブロックを動かして同じ形になるように組み合わせたいという発言があれば取り上げ，形が同じになれば同じ広さであること，同じ形のブロックの数が同じ個数であれば，同じ広さであることを実演させ，共有する。

○　大きなパターンブロックを使い，広さ比べを実演させることで，それぞれの比べ方の違いを共有できるようにする。

○　どちらがどれぐらい広いのかを問うことで，ブロック１つ分に目を向けさせていく。「青１つ分広い」「緑１つ分広い」など，差を表すためのブロックの種類がずれたら，「同じブロックで表せないかな？」と問い，緑のブロックで表せることに気付かせ，下記のような図を提示する。

【評価】
　緑ブロック１つ分を使って，任意単位を用いた広さの比べ方を見いだし，表現している。（ノート）

○　見いだした比べ方に名前をつけることで，任意単位による測定と直接比較や間接比較との違いを明確にさせる。

○　本時の課題に対して，どのように解決していったかを振り返らせる。また，本時の学習で新たに発見したことや気付きを発表させる。

21 臨場感あふれる『オノマトペ人形劇』で，人物の様子や気もちを語りつごう（スーホの白い馬）【光村2年下】

本学習材「スーホの白い馬」は「はっと」「はねおきる」等，副詞や複合動詞が多く用いられた描写が大変豊かな物語である。その特徴を生かし，本単元では『オノマトペ人形劇』（叙述をもとにその場面で「どんな音がしそうか」を想像し，効果音として付け加えた人形劇）という言語活動を設定する。例えば，ある子どもは「『スーホははねおきて，かけていきました。』にぴったりのオノマトペは何だろう。」という問いを立てる。その解決に取り組む中で生まれる自他の読みの違いを取り上げ，どの言葉の意味や働きに着目し，どのように前後の場面と関連付けることでその違いが生まれたのかを明らかにしていくことで，一人一人が言葉による見方・考え方を働かせ，粘り強く自分の読みを再考できるようにしていく。

また，単元末には既習作品を活用した評価問題（「たぬきの糸車」で『オノマトペ人形劇』を作るとしたら）に取り組ませ，一人一人の思考力，判断力，表現力を見取って価値付けていく。

❶ 単元について

(1)　本単元では，「スーホの白い馬」を学習材として取り上げる。場面の様子に着目し，登場人物の言動の様子や気持ちを具体的に想像する力の育成をねらう。

　　学習材「スーホの白い馬」は，モンゴルで語り継がれてきた「馬頭琴」についての民話をもとにした物語である。「兄弟に言うように」「はねおきる」などの言葉によって，登場人物の言動の様子がありありと描かれており，これらの叙述に着目することで，その様子を具体的に思い描くことができる。また，「スーホ"の"白い馬」という題名が象徴するように，物語全体を通して，スーホの白馬に対する強い思い，それに応えようとする白馬の一途な姿が描かれている。その互いを思い合う気持ちを豊かな行動描写をもとに想像しながら，人間と動物を越えた温かく深い絆が描かれた作品世界を味わわせていきたい物語である。

(2)　2学期の物語単元「ようすや気もちをリライト紙芝居でつたえよう」では，行動描写が少ない「お手紙」を学習材として，登場人物の書かれていない様子や気持ちを，前後の会話や行動と関連付けて想像する学習に取り組んだ。本単元では，逆に行動描写がとても豊かな「スーホの白い馬」を学習材として，その豊かな描写をもとに登場人物の言動の様子や気持ちを具体的に想像する学習に取り組む。本単元での学習が，中学年での会話文や行動描写等をもとに，登場人物の気持ちの変化を想像する学習へとつながっていく。

(3)　指導にあたっての留意点は，次の通りである。

①　第1次では，モデル文や本物の絵コンテ等をもとに『オノマトペ人形劇』のイメージをもたせ，「人物の詳しい様子や気持ちを（身に付ける力），前後の会話や行動と関連付けて（思考操作）想像する」ことの必要感をもって単元の学習課題を捉えられるようにする。

② 第２次では，副詞や複合動詞に着目して「どんな音がするか」「どんな声や様子で言ったか」を想像する「わたしの問い」を立て，その問いを解決しながら『オノマトペ人形劇』を作っていく。具体的には，４人グループで担当場面を決め，効果音（オノマトペ）や会話文の読み方，その様子や気持ちを絵コンテシートに書いていく。

③ 本時では，「はねおきて，かけていきました」のオノマトペのずれを取り上げ，「その様子や気持ちにぴったりなのはどんな音か」についての課題を設定する。全体では，前の場面と関連付けた発言を取り上げ，どの言葉から様子や気持ちが想像できるかを全体に問い返すことで，全員が言葉による見方・考え方を働かせて考えられるようにする。そこで関連付けた前後の場面の様子をもとに，各グループで絵コンテを見直す活動に取り組ませていく。

④ 単元末には，既習の作品「たぬきの糸車」を活用し，単元で取り組んだ言語活動に近似した状況設定の評価問題に取り組ませる。一人一人の記述から，学習課題で示した「身に付ける力」「思考操作」に基づいて思考力，表現力の高まりを見取り，価値付けていく。

❷ 単元の目標

(1) 様子を表す語句の量を増し，場面の様子や人物の行動を想像する中で使うことができる。

(2) どの場面のどの言動と関連付けて読むかを明らかにしながら，登場人物の言動の様子や気持ちを具体的に想像し，スーホの白馬に対する思いを読み取ることができる。

(3) 「臨場感あふれる『オノマトペ人形劇』を作る」という見通しをもち，問いを発展・更新させながら，粘り強く登場人物の様子や気持ちに合う表現を考えようとしている。

❸ 指導計画（12時間取り扱い）

学習活動	主体的・対話的で深い学びを生みだすための教師の支援	時間
1 単元の見通しをもつ。	○ モデル文や絵コンテ等をもとに，身に付けるべき力や思考操作を共有した上で，単元の学習課題を設定する。	2
人物のくわしいようすや気もちを，前後の会話や行動とかんけいづけてそうぞうし，りんじょうかんあふれる「オノマトペ人形げき」を作ろう。		
2 登場人物の言動の様子や気持ちを想像し，「臨場感あふれる『オノマトペ人形劇』」を作る。	○ 言動の様子や気持ちについての「わたしの問い」を解決しながら，ペアで絵コンテ作りに取り組ませる。 ○ ペアで考えた絵コンテをもとに，グループで実際に人形劇をやってみながら，より臨場感のあるオノマトペや会話文の読み方を検討していくようにする。	7 本時 5／7
3 発表会と評価問題に取り組む。	○ 「たぬきの糸車」で絵コンテを書く評価問題に取り組ませ，身に付けた力を自覚できるようにする。	3

❹ 本時の学習

(1) 目標

　「はねおきて，かけていきました。」という行動描写をもとに，どのような音がしそうかについて話し合うことを通して，スーホの言動の様子や気持ちを具体的に想像することができる。

(2) 展開

時間	学習活動	子どもの思い・姿
10	1　前時までに考えた「オノマトペ人形劇」を振り返り，本時の課題をつかむ。	○　「はねおきて，かけていきました。」をやってみよう。「パッ，タッタッタッ」はどうかな。 ○　ぼくたちは，「バッ，ダッダッダッ」にしているよ。似ているけど，ちょっと違う感じがするね。 ○　私たちは，「はねおきる」が前に出てきた時にも，「バッ」にしていたけど，ここも同じでいいのかな。
20	2　「はねおきて，かけていきました。」に付けるオノマトペを話し合う。	○　「パッ」と「バッ」は似ているけど，「パッ」の方が，軽くはねおきる感じがするね。 ○　ここは，スーホが驚いているから「バッ」の方がいいんじゃないかな。 ○　前の場面でも，この場面でも，スーホは白馬のことをすごく心配しているでしょ。だから，「バッ」の強い感じの音の方が「すごく心配だった」という気持ちにはぴったりじゃないかな。 ○　この場面の心配は，前よりもっともっと強い心配だったと思う。だって，スーホは傷が治ってからも「白馬をとらえたかなしみは，どうしてもきえ」なかったし，「白馬はどうしているだろうと，…そればかり考えて」いたでしょ。それだけ強く白馬のことを思っていたんだよ。
10	3　話し合ったことをもとに，「オノマトペ人形劇」を作り直す。	○　だったら，ぼくが問いにしている「白馬，ぼくの白馬，しなないでおくれ。」のところも，そういう白馬への強い気持ちを込めて読むといいかもしれない。ちょっと人形劇でやってみようよ。
5	4　本時の学習を振り返る。	○　今日は，「はねおきて…」のところで，スーホが前の場面よりもっと強く白馬のことを思っている気持ちをオノマトペで表せたから，「臨場感あふれる」というゴールに近づけたと思います。

子どもたちは，前時までに副詞や複合動詞などの行動描写に着目しながら「オノマトペ人形劇」を作ってきています。本時では，本文中2度出てくる「はねおきる」を比較したり，前後の言動と関連付けたりしながら「どんな音がしそうか」を再検討することで，スーホの白馬に対する思いが表れた言動の様子や気持ちを捉え直していきます。

主体的・対話的で深い学びを生みだす教師の支援（発問・指示，教材・教具，評価）

○　前日の続きに取り組ませながら，各グループが「はねおきて，かけていきました」という描写に付けたオノマトペの表現のずれを取り上げ，次の課題を設定する。

はねおきて，かけていったスーホのようすや気もちにぴったりなのは，どんな音だろう。

○　「バッ」「タッタッタッタッ」など，子どもたちが想像したオノマトペを板書し，なぜそう考えたかについても発言を促すことで，スーホの言動の様子や気持ちについて，それまでの言動と比較したり関連付けたりする考え方を引き出していく。

【教材・教具】
○　パペット人形
○　絵コンテシート

・スーホは，はねおきると外にとび出し，…かけつけました。(P.102，L.9〜10)

・スーホは，…兄弟に言うように話しかけました。(P.103，L.6〜7)

・それでも，白馬をとらえたかなしみは，どうしてもきえません。白馬はどうしているだろうと，スーホはそればかり考えていました。(P.107，L.4〜6)

○　子どもたちからは，次のような叙述と比較・関連付けた考えが予想される。

○　前の場面を根拠とした発言が出た際には，どの言葉から様子や気持ちが想像できるかを全体に問い返すことで，全員が複合動詞（傍線部）や副詞（波線部）等に着目し，言葉による見方・考え方を働かせながら，スーホの白馬に対する思いに迫るようにする。その中で，「だったら…」「ぼくの問いだと…」等，問いを発展・更新するようなつぶやきを見取って価値付けていく。

○　グループでは，人形劇を実際に演じる活動と，それをもとに想像したオノマトペやその時の様子，気持ちなどを絵コンテシートに記入する活動に取り組ませる。言葉で表現したことを再度人形劇で演じながら，〈劇化〉と〈言語化〉を繰り返していく中で，スーホの白馬に対する思いを捉え直していけるようにする。

【評価】
前後の言動と関連付けて，スーホの言動の様子や気持ちを具体的に想像し，絵コンテの記述を見直すことができる。
（絵コンテシート）

○　ペアで振り返りの時間を設ける。学習課題をもとに「臨場感あふれる人形劇に近づけたか」「それはどんな様子や気持ちを想像できたからか」「どの場面のどの言動とつなげて考えたか」を視点として話させることで，どのように考え，何が分かったのか，迷っていることは何かを振り返ることができるようにする。それをもとに個人で記述させることで，本時における一人一人の粘り強さを見取り，次時の指導に生かしていく。

22 世界に誇る地下水都市・熊本

水道水源の全てを地下水で賄う人口約74万人の熊本市。これは，50万人以上の都市では日本唯一，世界でも希少な都市である。しかも，熊本市の水道水には，健康を保つのに不可欠なカルシウムやカリウムなどのミネラル成分がバランスよく含まれている。

しかし，自宅で水道水を飲んでいる子どもは少ない。多くの家庭では，ウォーターサーバーやペットボトルのミネラルウォーターを飲用している。その理由として，「安全性」と「おいしさ」などが挙げられる…。しかし，そもそも水道水は安全な水。「水道法」によって，50項目の水質基準が定められているからである（市販のミネラルウォーターの場合は18項目）。加えて，熊本市の水道水は，天然のミネラルウォーター。「市販のミネラルウォーターに勝るとも劣らないおいしさ」が謳い文句となっている。

そこで本実践では，「熊本市の水道水の『おいしさ』や『安全性』などについての根拠となる資料を収集し，整理・分析して，その素晴らしさを再発見してほしい」というねがいをもち，単元を構想していく。

① 単元について

(1) 本単元は，熊本市の水道水について探究していくことを通して，熊本の水の素晴らしさを自分とのかかわりの中で捉え，身近な人に伝えることをねらいとする。

熊本市は，水道水源の全てを地下水で賄う世界に誇る地下水都市。水道水でありながら，実は天然のミネラルウォーターそのもの。蛇口をひねればミネラルウォーターが出る暮らしが実現しているのだ。しかも，水道水はミネラルウォーターより安全な水と言える。「水道法」によって，（市販のミネラルウォーターの場合は18項目だが）50項目の水質基準が定められているからである。ただし，多くの子どもたちは，その大いなる恵みを享受しているとは言い難い。自分たちの飲用状況から課題を発見し，その解決のための根拠となる資料の収集及び整理・分析していくことで，熊本市の水の素晴らしさを再発見していける本問題を，3年生の子どもたちが学習対象として取り扱う意義は大きいと考える。

(2) 子どもたちは，これまでに「ローマ字入力とひらがな入力」について，それぞれのメリットとデメリットの根拠となる資料を収集し，整理・分析することを学んできた。本単元においては，熊本市の水道水の素晴らしさについての根拠となる資料を収集し，「安全性」「おいしさ」などについて「関係付け」「関連付け」「比較」などの考えるための技法を駆使して，整理・分析していく学習を行う。本単元で学習したことは，特に4年生以降の総合的な学習の時間及び各教科等の学習を支える整理・分析する力へとつながっていく。

(3) 指導にあたっての留意点は，次の通りである。

① 第1次では，熊本市の水道水の「おいしさ」についての主題を解決するための資料を収集

し，整理・分析できるようにする。

② 第2次では，熊本市の水道水の「安全性」などについての課題を解決するための資料を収集し，整理・分析できるようにする。

③ 第3次では，設定されたプロジェクトを遂行するために，資料の再収集及び整理・分析を行い，模造紙にまとめ，発表会を行う。

　このように，課題設定，情報収集，整理・分析，まとめ・表現という探究の過程が有機的につながって，発展的に繰り返されていく。

④ 本時の学習では，「どうして，家庭で水道水を飲んでいないのか」などの子どもの疑問を見取り，「おいしくて安全なのに，どうして家庭で水道水を飲んでいないのか」という学習課題を設定し，主に関係付け，関連付け，比較などの考えるための技法を駆使して，前述した課題を解決させていく。

❷ 単元の目標

(1) 熊本市の水道水の素晴らしさを，客観的な根拠をもとに捉え直すことができる。

(2) 熊本市の水道水の素晴らしさについて，考えるための技法を駆使して整理・分析できる。

(3) 異なる意見や他者の考えを受け入れ，他者と協同して課題を解決しようとしている。

❸ 指導計画（50時間取り扱い）

学習活動	主体的・対話的で深い学びを生みだすための教師の支援	時間
1　熊本市の水道水の「おいしさ」について探究する。	○　熊本市の水道水の「おいしさ」と飲用状況の矛盾から，「熊本市の水道水は他の県と比べてもおいしいのに，どうして家庭で飲まれていないのか」などの主題を設定する。	15
2　熊本市の水道水の「安全性」などについて探究する。	○　「安全性」について収集した資料（根拠）や経験と自分の考えとを「関係付け」たり，友達の考えと「関連付け」「比較」したりして，整理・分析できるようにする。	20
3　資料の再収集及び整理・分析を行い，模造紙にまとめ，発表会を行う。	○　矛盾点とプロジェクト→情報収集の方法→視点ごとに整理・分析した結果→結論の順で班ごとに模造紙にまとめるようにし，保護者を学校に招いて，熊本市の水道水の素晴らしさについての発表会を行う。	15 本時 2／15

❹ 本時の学習

(1) 目標

　家庭で水道水を飲んでいない理由などについて検討することを通して，考えるための技法を駆使して自分の考えを表現することができる。

(2) 展開

時間	学習活動	子どもの思い・姿
5	1　前時の学習を振り返り，本時の課題をつかむ。	○　これまで調べてきたけど，熊本市の水道水はおいしくて安全だった。それなのにどうして，家庭で水道水を飲んでいないのかな。
15	2　家庭で水道水を飲んでいない理由を話し合う。	○　経験で，冷たくないから飲まないと思います。ペットボトルの水を家族で飲んでいます。
		○　あと，水道局のホームページの塩素が少し入っているっていう根拠から，ペットボトルの水の方がおいしいからだと思います。
		○　反論です。冷たくないなら冷蔵庫で冷やせばいいし，塩素はほんのちょっとですよね。実際に家で飲んでいる水道水はおいしいですよ。
		○　反論です。だけど家の人は，水道水は危険だから飲まない方がいいって言っているよ。
20	3　家族に熊本市の水道水の「おいしさ」「安全性」を伝える方法を話し合う。	○　熊本市の水道水は，おいしくて安全だから，お家の人にもそのことを知ってもらいたいな。
		○　お家の人に対して，今まで調べたことを紙にまとめて印刷して配ったり，学校に来てもらって伝えたりしたらどうかな。
5	4　本時の学習を振り返る。	○　課題について考えていく中で，考えを関連付けたり根拠や経験と関係付けたりしながら「熊本市の水道水のおいしさと安全性」について，私たちは知ることができました。ただ，お家の人には，まだその素晴らしさを伝えることができていません。ですから，次回の課題にしたいと思います。

「どうして，家庭で水道水を飲んでいないのか」などの子どもの疑問を見取り，「おいしくて安全なのに，どうして家庭で水道水を飲んでいないのか」という学習課題を設定し，その解決を促していきます。

主体的・対話的で深い学びを生みだす教師の支援（発問・指示，教材・教具，評価）

○　前時の学びのプロセスについて，代表の子ども（司会）に振り返らせる。

○　「どうして，家庭で水道水を飲んでいないのか」などの疑問を抱いている人がいたため，本時の課題が設定されたという文脈を，子どもたちから引き出す。

おいしくて安全なのに，どうして家庭で水道水を飲んでいないのか。

○　考えるための技法を駆使し，よりよく課題を解決させるために，板書やICT機器を使って，次のような働きかけを行っていく。

> ①　補足する意見は→（関連付け），対立する意見は↔（比較）などでつなぐ。なお，根拠や経験は黄色（関係付け）で，疑問については赤色で表すようにする。
>
> ②　資料を全体に見せながら発言（関係付け）する際には，タブレットで撮影し，無線LANを介して大型モニタに投影させるようにする。

○　①については，子どもの言葉を参照し，黒板に発言のつながりを可視化していく。また②については，担当の子どもが発言者の画像を投影しながら発言できるようにする。

家族に熊本市の水道水の「おいしさ」「安全性」を伝えるには，どうしたらいいか。

○　熊本市の水道水の「おいしさ」「安全性」を家族に知らせる方法へと課題を焦点化する。

○　家族に伝えるための方法を出させる。その際「（最初に発言した子どもの名前）作戦」とし，同様の場合は，「自分が誰作戦の考えか（関連付け）とその理由（関係付け）」について発言させる。

○　「わたしの振り返り」ではなく，「みんなの振り返り」として，学びのプロセスを振り返らせる。

【評価】
　熊本市の水道水の「おいしさ」「安全性」について，根拠や経験と関係付けたり，友達の考えと関連付け，比較したりして，発言及び振り返っている。

（発言・シート）

23 This is my happy day!～絵本を通して家族にメッセージを伝えよう！～（Let's Try!2 Unit9）【文科省】

　子どもたちは外国語活動を通して，英語で自分のことを伝え合ったりクイズをしたりする経験を重ね，コミュニケーションの楽しさを感じてきている。しかし，これまでのコミュニケーションにおいては，１，２文程度の短いやりとりが中心で，まとまりのある英語の内容を推測しながら聞き，分かる体験はまだ少ない。

　まとまりのある話を聞くことは，コミュニケーション場面において相手の伝えようとしていることを粘り強く理解しようとする態度を育むことや，情報を整理しながら理解する力を養うことにつながる。本単元では，身近な生活に関するまとまりのある話を，絵本を用いて聞いたり話したりすることにより，想像力を働かせながらおおよその内容が分かる体験をもたせることができる。その時，子ども自身が目的をもって主体的に聞くことが大切である。

　そこで本実践では，子どもが主体的にまとまりのある話を聞くために，教師が絵本の読み聞かせを行い，その絵本を参考にして自分だけの"This is my happy day!"という絵本を作成する。10歳となる節目の年に，絵本を使って家族に幸せを感じる生活について紹介し，自分の成長や日頃の感謝を伝えるという目的をもつことで，話すために聞き，聞いたことを生かして話すという循環のある学習を行っていく。

1 単元について

(1)　本単元では，１日の生活や日課を表す表現を言語材料として，まとまりのある話を聞いておおよその内容が分かるようになることをねらいとする。そのために，絵本を活用することで，イラストやジェスチャー等の視覚情報と音声を手がかりに，まとまりのある話のおおよその内容を推測できるようにし，分かる体験を積み重ねることができるようにする。

　　本単元における言語活動として，絵本の読み聞かせを聞いたり，家族に読み聞かせをしたりする活動を設定する。自分も家族に読み聞かせをするという見通しをもたせることで，教師や友達による絵本の読み聞かせを主体的に聞こうとする意欲を高めさせ，１日の生活や日課に関する言語表現に慣れ親しませることができる。また，自分の成長や日頃抱いている感謝の気持ちを伝えたいというコミュニケーションの目的をもたせることで，相手を意識して英語表現を工夫し，よりよく伝わるように話そうとする態度を育むことができる。

(2)　これまでに子どもたちは，"I like / have / want ...."や"It's ...."等の英語表現に慣れ親しんできた。本単元では，１日の生活に関する様々な動作を表す英語表現に出合う。また，ある程度まとまりのある英語の内容を，推測しながら分かろうとする体験を繰り返し重ねる。このことは，５年生で自分や友達の１日の生活や学校生活について詳しく伝え合うことや，他者とのやりとりにおいて，まとまりのある内容を粘り強く分かろうとすることにつながる。

(3)　指導にあたっての留意点は，次の通りである。

① 単元の導入では，教師の１日の生活について，子どもとの楽しいかかわりを中心に英語の絵本で紹介する。自分たちが登場する話を聞かせることで，思いを伝える面白さやうれしさを感じさせながら，英語表現の意味を推測しながら楽しむことができるようにする。

② 子どもに10歳の記念に１日の生活を表す絵本を作ることを提案し，子どもの思いを取り入れながら「10歳の記念絵本を作り，家族に英語でメッセージを伝えよう」という単元のゴールを設定する。英語を用いて話すことからも，家族に成長を感じてもらうことができる。

③ 単元を通して繰り返し同じ絵本を読み聞かせる中で，教師のジェスチャーや話の内容に関する問い返しを徐々に減らしていき，子ども自身が話の内容を推測していけるようにする。

④ 絵本を作成する時には，英文を読み書きさせるのではなく，絵を描いたり印刷した物を選択して貼り付けたりすることで，文字を扱う負担を減らすようにする。

⑤ 本時では，絵本を使って自分の１日の生活を家族に紹介する時に，どのような場面でどのような内容を伝えるとよいかを話し合う。ペアや全体で考えたことを，自分の話の内容や英語表現に生かし，よりよく絵本を使って思いを伝えるために，友達と大切にお話を聞き合い，内容を踏まえてアドバイスを伝え合うことができるようにする。

❷ 単元の目標

(1) 日本語と英語の音声やリズム等の違いに気付き，日課を表す表現に慣れ親しむ。

(2) 絵本等の短い話を聞いて反応したり，おおよその内容が分かったりする。

(3) 絵本等の短い話を反応しながら聞くとともに，相手を意識して英語で表現しようとする。

❸ 指導計画（６時間取り扱い）

学習活動	主体的・対話的で深い学びを生みだすための教師の支援	時間
1 単元の学習全体の見通しをもつ。	○ 教師の１日を英語で紹介し，日課を表す表現に出合わせた後，子どもと共に単元の学習計画を立て，学びのイメージをもたせる。	2
2 自分の幸せな１日の絵本を作り，英語で紹介する準備（練習・リハーサル等）をする。	○ 絵本を通して，家族に「成長」「感謝」等の思いを伝えたいという思いを引き出し，英語で気持ちを伝える必然性を高める。 ○ 英語絵本の読み聞かせを通して，自分の絵本に生かせる表現を探したり既習表現を用いて内容を推測したりできるようにする。 ○ 「思いを伝える時に大切なこと」を話し合う場を設けることで，表現の仕方や内容に留意して話を伝えることができるようにする。	3 本時 3／3
3 単元の学習を振り返る。	○ 保護者や友達に自分の幸せな１日を英語で紹介する場を設定することで，内容に関心をもちながら聞くことができるようにする。	1

❹ 本時の学習

(1) 目標

　　絵本を使って家族に自分の思いを伝える時に，大切にしたいことを考え，リハーサルに生かす活動を通して，表現の内容や話し方に気を付けながら友達の話を聞こうとする。

(2) 展開

時間	学習活動	子どもの思い・姿
5	1　前時の学習を振り返り，本時の学習の見通しをもつ。	○　自分の絵本を使ってお母さんに「いつもおいしい料理ありがとう」と伝えられるように英語で表現したい。 ○　ぼくはおばあちゃんに「体育をがんばってるよ！」と伝えたいから，それが英語で伝わるように練習したい。
10	2　友達と絵本を使って自分の1日を紹介し合う。	○　自分の成長が伝わるように話すには，どんなことに気を付けたらいいか，まだよく分からないな。 ○　"I like *Tamagoyaki* in my breakfast!" っていいね。お母さんが作ってくれるの？ "It's very delicious!" って入れたらどうかな。自分の気持ちを加えていくといいね。
15	3　自分の1日を紹介する時に，どんなことに気を付けるとよいか話し合う。	○　それなら，ぼくの絵本を伝える時にも，"I study P.E. It's fun!" って入れたら，楽しい気持ちが伝えられそう。 ○　学習した英語の中から，使えるものは取り入れながら自分の気持ちや考えを表すことが大切なんだね。
10	4　話し合ったことを生かして，友達と何度もリハーサルをする。	○　ぼくの場合は，絵本の最後のページを見せる時に，"Thank you, Grandma!" って言うと，きっと喜んで聞いてくれるんじゃないかな。試してみよう！ ○　具体的に言うことも大事だよね。"I play with my friends." だけじゃなくて，dodgeballって入れてみない？ ○　気持ちを表す英語は，今までの学習で少しずつ使ってきたから，思い出して組み合わせていくといいね。
5	5　友達の話の面白さや英語表現の工夫について，本時の学習を振り返る。	○　友達とリハーサルをしてみて，"It's fun!" "Yummy." 等，意外と使える英語を知っていたことに気付いたよ。実際に試しながら考えるって大事だね。 ○　友達の話を聞いてみると，兄弟が仲良く過ごしていることを "Happy!" とか "Friendly!" って表現している人もいて，きっと喜ばれるんじゃないかなと思いました。

日課を表す英語表現に親しませ，まとまりのある話を聞いておおよその内容を捉える力を育むには，楽しみながら聞いたり理解したりする必然性のある言語活動が欠かせません。相手や目的を明確にして，友達と内容や表現の工夫を考える中で，主体的に話を聞こうとする態度を養います。

主体的・対話的で深い学びを生みだす教師の支援（発問・指示，教材・教具，評価）

○　前時の振り返りの記述から，家族に自分のメッセージを伝えるために，工夫して表現したいと考えているものを共有し，本時の学習の見通しをもつことができるようにする。

○　だれにどんなことを伝えたいと考えているか，複数の子どもに発言させることで，子どもの相手意識や目的意識を改めて自覚させる。「だれにどんな気持ちで聞いてほしいか」を意識して，互いに聞いたり話したりしようとする意欲を高める。

○　自分の幸せな１日を英語で友達に紹介する活動を設け，自分が表現する時に難しいことは何か気付かせ，子どもの思いや困り事をもとに，本時の課題を立ち上げる。

> 自分の幸せな１日を，家族が喜んでくれるように紹介するには，どんなことに気を付けるとよいのだろう。

○　聞き手や話し手の役割を交代して伝え合うよう伝える。

○　子どもが内容を楽しんだり想像したりして聞くことができるよう，話し方については，これまでの学習をもとに教師から示すようにし，子どもが内容や表現に焦点化して工夫を考えられるようにする。

○　表現の工夫について，子どもの考えを「自分の気持ちや考えが伝わる表現」（I like .... / I love you! / It's fun. 等）「相手によく伝わる具体的な内容」（I study science! Ice and hot water! 等）について，既習表現を中心に整理する。

○　自分のストーリーや家族に伝えたい思いに応じて，話し合った内容から取り入れたい工夫を選び，活用しながら友達と互いの話を聞き合う。

○　話し合い後のリハーサルでは，複数の相手と話を聞き合わせる。そうすることで，多様な他者の気付きや考えと自分の思いを擦り合わせながら，アドバイスを取り入れることができるようにする。

○　振り返りシートに書く前に，友達の表現の工夫やリハーサルの時にうれしかったアドバイスについて尋ねる。そうすることで，自他の考えや学び方のよさに気付かせ，自分の学習の過程を意識しながら振り返ることができるようにする。

【教材・教具】
○　単元の学習計画の掲示
○　子ども自作の絵本
○　絵本 "Good Morning"
○　タブレット端末・PC
○　デジタル教材

【評価】
　友達と話し合いながら，内容をどのように工夫すればよいか考え，その考えを取り入れながら話すために，相互に英語の話を聞き合おうとしている。（行動・発話の観察）

24 解き明かせ！てこのひみつ

　子どもたちは，「てこ」や「支点・力点・作用点」という言葉を日常生活において聞いたことがある。しかし，支点や力点，作用点がどこにあるのか，身の回りのどこにてこが利用されているのかじっくり考えた経験はなく，てこの働きについて明確に理解できてはいない。

　てこには，支点や力点，作用点の位置によって第1種から第3種まで種類分けがされており，それ以外にも輪軸等に使われている。それぞれに利点があり，用途に応じて使い分けられている。子どもたちには，単に小さい力で大きな力を生みだせるという点だけでなく，逆に大きな力をコントロールして精密な作業ができることや，つり合いを利用して重さを量ることができること等にも気付き，使いこなせるようになってほしいと願う。

　本単元の導入では，4mの1本の棒のみという制限のもとで，自分が持ち上げられる限界値を大きくするにはどんな方法があるのか，また，その値を数値で表すにはどうすればよいのか，体験を通して考える活動を行う。そして，うまくできないという困り感から，単元を通して粘り強く実験に取り組み，支点や力点，作用点の位置と力の大きさには関係があることや，力には向きがあること，不均一な棒でも重さを量れること等に気付けるようにしたい。

❶ 単元について

(1)　本単元は，力を加える位置や力の大きさに着目し，これらの条件とてこの働きとの関係を多面的に調べる活動を通して，てこの規則性についての理解を図ることをねらいとしている。また，観察・実験などに関する技能や，より妥当な考えをつくりだす力，主体的に問題解決しようとする態度を育成することもねらいとしている。

(2)　本単元は，「エネルギー」についての基本的な概念等を柱とした内容のうちの「エネルギーの捉え方」に関わるものである。第3学年「風とゴムの力の働き」，第5学年「振り子の運動」の学習を踏まえ，本単元では支点，力点，作用点の位置関係によって働く力の大きさが変化することを学ぶ。これは中学校第1分野「力の働き」の学習につながっていく。

(3)　指導にあたっての留意点は，次の通りである。

①　単元の導入では，4mの1本の棒のみという制限のもとで，自分が持ち上げられる限界値を測定する活動を行い，例えば「もっと持ち上げたいけれど，そのためには支点，力点，作用点の位置関係をどうすればよいのだろう」「てこをどのように活用したら数値を量れるのだろう」といった困り感から主題を設定していく。自分の限界値を高めるためには第1種と第2種どちらのてこがよいのか，力は上から加えるのと下からぶら下がるのとどちらがよいのか等，グループごとに試行錯誤し，自由に発想しながら調べていくと考えられる。

②　「1本の棒を使って持ち上げられる限界値を求める」という単元のゴールに近づくためには，てこの働きを解き明かす必要があるため，子どもはてこについて調べる必然性を持ち続

けることになる。また，調べるための実験方法を子どもたちに計画させることで，一人一人が実験の目的や内容を理解し，粘り強く調べていけるようにする。

③　振り返る際の指標（評価基準）は教師と子どもとで共有しておくことで，子ども自らが目指す姿を意識しながら学びを振り返られるようにする。さらに，教師も同じ指標で子どもを見取り，適宜すり合わせていくことで，子どものメタ認知力を向上させていく。

④　本時では，自分たちの実験結果や考察に，全体の実験結果や考察も取り入れながら，てこの働きや力の大きさの量り方について，自分なりの考えを表現していくようにする。また，均一な棒だけでなく，竹やバットのような棒にもてこの働きが使えるのか，力の大きさを量れるのか，粘り強く検討することを通して，学んだことが実生活につながるようにする。

❷　単元の目標

(1)　力を加える位置や大きさを変えることで，てこを傾ける働きが変わることや，つり合いには規則性があることを理解し，実験を通して力の大きさを求めることができる。

(2)　支点，力点，作用点の位置関係が異なることで，てこの働きや働く力の大きさがどのように変化するのか考え，表現することができる。

(3)　自分の実験結果や考察だけでなく，友達の実験結果や考察も取り入れることで，自分の考察を深め，てこの働きについて追究しようとしている。

❸　指導計画（10時間取り扱い）

学習活動	主体的・対話的で深い学びを生みだすための教師の支援	時間
1　1本の棒で持ち上がる限界値を調べ，学習の見通しをもつ。	○　4mの棒のみという制限を設けることで，自分が持ち上げた重さを求めることができないという問題意識を立ち上げ，主題「てこの働きを解き明かし，自分が持ち上げられる限界値を求めよう」を設定する。	2
2　てこを調べる。 (1)　支点，力点，作用点について (2)　つり合う時の規則性について (3)　力の大きさの数値化について	○　定規や錘，ばね秤，実験用てこ等の道具をいつでも使えるように準備しておくことで，実験の内容や方法をグループで自由に考え，実施できるようにする。 ○　お互いのグループの実験結果や考えが共有できるように，実験の方法や結果は付箋紙に書いて模造紙に貼り，教室側面に掲示する。 ○　力の向きや大きさを矢印で表すことで，棒を上から押しても下から引いても同じ向きに力が働いていることを捉えられるようにする。	6
3　竹やバット等でもてこの働きが使えるのか調べる。	○　太さや重さの一様な棒が身の回りにない場合もあることを取り上げることで，竹や木の棒を使ってもてこの働きが使えることを実験で証明し，学んだことが実生活でも役立つことに気付けるようにする。	2 本時 1／2

❹ 本時の学習

(1) 目標

　　太さや重さが一様でない棒で力の大きさを量る方法について話し合うことを通して，どんな棒を使っても，てこの働きが使えることを理解することができる。

(2) 展開

時間	学習活動	子どもの思い・姿
10	1　これまで調べてきたことをもとに，1本の棒を使って力の大きさを量る方法を考える。	○　支点が真ん中のてこの方がより重いものを持ち上げられるし，力の大きさ（重さ）を量ることもできるよね。 ○　支点を棒の真ん中に置けば，支点からの距離と自分の体重をもとに，作用点での力の大きさを求められるよ。
15	2　竹等の太さや重さが一様でない棒を使って力の大きさを量る方法を全体で検討する。	○　でも，棒の太さや重さが均一ならいいけど，竹みたいに棒の太さが左右で変わっているものでも同じように量れるのかな。 ○　棒の太さや重さが揃っていないと量れないと思うよ。だって支点を棒の真ん中にしても，最初から傾いてしまうと思うから。 ○　じゃあ，棒の太さや重さが揃っていないとてこの働きは使えないということなのかな。 ○　そうかな。棒が左右つり合う所に支点を置いたらいいんじゃないかな。左右がつり合っていれば量れると思うよ。
15	3　全体で話し合ったことをもとに，どんな棒を使っても力の大きさを量れるのかグループで考える。	○　実際に太さや重さが揃っていない棒で実験して確かめてみたいな。 ○　やっぱり竹の棒で支点を棒の真ん中にすると，最初から傾いてしまうね。 ○　左右が傾いたままでは量れないから，棒の左右の重さも考えて，棒が左右つり合う所に糸を結んで吊してみたらどうかな。 ○　やった。棒の左右の重さがつり合う所を支点にしたら，てこ実験器のように「錘の重さ」×「支点からの距離」が左右同じになったぞ。 ○　太さや重さが揃っている棒でないと量れないと思っていたけど，量れそうだな。
5	4　本時の学習を振り返る。	○　友達の意見を聞いて考えが変わりました。棒だけの状態で，重さが左右つり合う所に支点を置けばいいと思います。 ○　最初は無理だと思っていたけど，竹の棒でも重さを量れそうだ。友達と諦めずに実験して良かった。

前時までにてこの働きやつり合いについて調べ，てこ実験器のように太さや重さが一様な棒ならば力の大きさを量れることに気付いた子どもたち。本時は，これまで学んできたことを生かして，棒の太さや重さが一様でない場合でもてこの働きが使えて，力の大きさを量れるのか明らかにしていきます。

主体的・対話的で深い学びを生みだす教師の支援（発問・指示，教材・教具，評価）

○　前時までの学習の足跡を掲示しておくことで，てこには第1種から第3種まであるが，力の大きさを量るためには第1種（作用点，支点，力点の順）が適していることを見いだせるようにする。

○　量的・関係的な見方を働かせることができるように，支点・力点・作用点の位置関係と働く力の大きさ，つり合いの関係を取り上げ，棒の太さや重さが一様な場合は支点を棒の真ん中に置くことで力の大きさを量れたことを取り上げる。

○　太さや重さが一様でない竹の棒等を準備しておくことで，どんな棒でも支点を棒の真ん中に置けばつり合いをもとにして力の大きさを量れるのか疑問をもてるようにする。

> どんな棒でもてこの働きが使える（力の大きさを量れる）のだろうか。

○　竹や木の棒，バット，傘等を準備しておくことで，身の回りにある棒は太さや重さが揃っていない棒が多いことに気付かせる。

○　子どもたちから出てくると予想される考えの根拠を，実験結果をもとに共有できるように，これまでの実験の様子を記録したものを準備しておく。

○　秤の実物も準備しておき，棒が左右同じ長さになっていなくても使えることに気付かせることで，どのように工夫すれば不均一な棒でも秤として使えるのか考えていけるようにする。

○　実際に実験をしながら考えたいグループには，時間内であれば実験してもよいことにすることで，試行錯誤しながら実感を伴って理解できるようにする。

○　支点の位置で悩んでいるグループには，支点の意味を改めて問い返すことで，棒が左右に傾かないように支える点を支点に取ればよいことに気付けるようにする。

○　次時，実際に持ち上げられる限界値を求める際には定規を使わないことを伝えることで，より実用的にするためにはどうすればよいか子どもが思考せざるを得ないようにする。

○　グループで考えたことをもとに，棒の重さの中心を見つける方法や力の大きさの量り方をノートにまとめるよう促すことで，自分の考えをもてるようにする。

○　分かったことや気付きをまとめるだけでなく，本時学んだことを次時にどう生かしたいのかも含めて振り返るようにする。

○　学び方の指標を用い，てこの働きについての自分の考察や話し合い活動について自己評価することを通して，自らの学びをメタ的に振り返られるようにする。

【評価】

　支点の位置を的確に捉え，太さや重さが一様でない棒を使っても，てこの働きが使えることを理解している。

（行動観察・発言・ノート）

おわりに

　今回は，本書『粘り強くともに学ぶ子どもを育てる』を手に取っていただき，誠にありがとうございました。衷心から厚くお礼申し上げます。

　昨年度から2年間，文部科学省から「教科等の本質的な学びを踏まえた主体的・対話的で深い学びの視点からの学習・指導方法の改善の推進」の研究指定（委託）を受けました。これまでの研究の成果を生かし，未来社会を切り開くために求められる資質・能力の育成を目指して，研究主題を「粘り強くともに学ぶ子どもの育成」に据え，1年目の副研究主題を「各教科等の本質に迫る『主体的・対話的で深い学びの姿』とは」とし，授業改善を軸に研究実践に努めてまいりました。本研究は，2020年度の新学習指導要領の完全実施に向け，大いに意味があるものだと考えます。

　さて，所収の授業事例から見える学びの姿はいかがだったでしょうか。主体的な子どもの学びは感じ取っていただけたでしょうか。深い学びにつながる対話は効果的に設定されていたでしょうか。学習活動を通して，学びの深まりのある学習展開になっていたでしょうか。本校で追究してきた「主体的・対話的で深い学びの子どもの姿」こそ，本研究の検証の指標となります。そのために各教科等で目指す資質・能力を明らかにし，全職員で教科等の見方・考え方を駆使して，授業の在り方を追究してきました。

　本書の中心となる学習指導案は，昨年度（2018年度）の研究発表会で公開した授業の学習指導案です。今回本書を手に取っていただいた皆様の今後の研究実践につなげていくことができれば幸いです。

　最後になりましたが，昨年度の研究発表会にご後援いただきました熊本県教育委員会並びに熊本市教育委員会，熊本大学教育学部同窓会に深く感謝を申し上げます。また，本校研究の推進にご指導，ご助言いただきました京都大学大学院の石井英真先生をはじめとする実践協議会の皆様，研究協力者の皆様，そして，ご支援とご協力をいただきました全ての皆様に厚くお礼申し上げます。

　2020年2月

熊本大学教育学部附属小学校　副校長　猿渡　徳幸

研究同人

運営指導員

氏名	所属
石井　英真	京都大学大学院教育学研究科
田口　浩嗣	熊本大学大学院教育学研究科
渡邉　重義	熊本大学大学院教育学研究科
藤瀬　泰司	熊本大学大学院教育学研究科
前田　康裕	熊本大学大学院教育学研究科
宮脇　真一	熊本大学大学院教育学研究科
高木　徹	熊本大学教育学部附属中学校

―――― 研究同人（平成30年度）――――

校　長	島田　秀昭	理　科	松山　明道
副 校 長	猿渡　徳幸		近藤　祐樹
教　頭	田中　恒次		牛嶋　克宏
主幹教諭	蒲池　悦子	生 活 科	坂口　静磨
研究部長	宮原　大輔	音 楽 科	中島　千晴
国 語 科	中尾　聡志	図画工作科	毎床　栄一郎
	溝上　剛道	家 庭 科	大廣　紘子
	藏田　和明	体 育 科	平嶋　秀盛
社 会 科	平川　純哉		磨田　慎太郎
	定松　良彰	外 国 語	髙田　実里
算 数 科	大林　将呉	保健・健康教育	角居　禎子
	髙野　倫浩	総合的な学習の時間	豊田　誠一郎
	篠田　啓子	栄養・食育	松尾　夕貴

本研究を進めるにあたり，次の方々から，ご在任中にご協力いただきました。

　　　黒川　哲治（和水町立三加和小学校）

　　　西村　正之（熊本市立託麻西小学校）

　　　前田　理代（熊本県立教育センター）

　　　東　　裕治（熊本市立泉ヶ丘小学校）

執筆者一覧（＊は執筆箇所）

島田　秀昭（熊本大学大学院教育学研究科　教授）　　＊はじめに
石井　英真（京都大学大学院教育学研究科　准教授）　＊第1章
中尾　聡志（熊本大学教育学部附属小学校　教諭）　　＊第2章，第3章⑯

蒲池　悦子（熊本市立碩台小学校　教諭）　　　　　　＊第3章①
毎床栄一郎（熊本大学教育学部附属小学校　教諭）　　＊第3章②
髙野　倫浩（氷川町立宮原小学校　教諭）　　　　　　＊第3章③
磨田慎太郎（熊本大学教育学部附属小学校　教諭）　　＊第3章④
藏田　和明（熊本県上天草市立阿村小学校　教諭）　　＊第3章⑤
定松　良彰（熊本大学教育学部附属小学校　教諭）　　＊第3章⑥
牛嶋　克宏（熊本大学教育学部附属小学校　教諭）　　＊第3章⑦
角居　禎子（熊本大学教育学部附属小学校　教諭）　　＊第3章⑧
大廣　紘子（熊本大学教育学部附属小学校　教諭）　　＊第3章⑨
髙田　実里（熊本大学教育学部附属小学校　教諭）　　＊第3章⑩，㉓
宮原　大輔（熊本大学教育学部附属小学校　主幹教諭）＊第3章⑪
坂口　静磨（熊本大学教育学部附属小学校　教諭）　　＊第3章⑫
平川　純哉（熊本市立川上小学校　教諭）　　　　　　＊第3章⑬
大林　将呉（熊本大学教育学部附属小学校　教諭）　　＊第3章⑭，⑰
松山　明道（熊本大学教育学部附属小学校　教諭）　　＊第3章⑮
中島　千晴（熊本大学教育学部附属小学校　教諭）　　＊第3章⑱
平嶋　秀盛（熊本大学教育学部附属小学校　教諭）　　＊第3章⑲
篠田　啓子（熊本大学教育学部附属小学校　教諭）　　＊第3章⑳
溝上　剛道（熊本大学教育学部附属小学校　教諭）　　＊第3章㉑
豊田誠一郎（熊本県上天草市立登立小学校　教諭）　　＊第3章㉒
近藤　祐樹（熊本大学教育学部附属小学校　教諭）　　＊第3章㉔
猿渡　徳幸（熊本大学教育学部附属小学校　副校長）　＊おわりに

【著者紹介】

石井　英真（いしい　てるまさ）
京都大学大学院教育学研究科准教授
〈略歴〉
1977年兵庫県洲本市生まれ。京都大学大学院教育学研究科博士
後期課程修了。博士（教育学）。専攻は教育方法学（学力論）。
〈主な著書〉
『今求められる学力と学びとは―コンピテンシー・ベースのカ
リキュラムの光と影』（日本標準）2015年
『教師の資質・能力を高める！アクティブ・ラーニングを超え
ていく「研究する」教師へ：教師が学び合う「実践研究」の方
法』（日本標準）2017年
『小学校発　アクティブ・ラーニングを超える授業：質の高い
学びのヴィジョン「教科する」授業』（日本標準）2017年
『中教審「答申」を読み解く』（日本標準）2017年
『授業改善８つのアクション』（東洋館出版社）2018年
『再増補版・現代アメリカにおける学力形成論の展開』（東信
堂）2020年
『授業づくりの深め方』（ミネルヴァ書房）2020年

熊本大学教育学部附属小学校
（くまもとだいがくきょういくがくぶふぞくしょうがっこう）

〒860-0018
熊本市中央区京町本丁5-12
TEL　096-356-2492
FAX　096-356-2499
〈主な著書〉
『「対話」で広がる子どもの学び』（明治図書）2012
『みんなが伸びる学力アップの授業プラン30―学ぶ意欲を高め
るヒントとアイディア』（小学館）2006
『ＩＴ活用で，授業はここまで進化する』（明治図書）2004

粘り強くともに学ぶ子どもを育てる
―教材と深く対話する「教科する」授業の理論と実践―

2020年2月初版第1刷刊　ⓒ著　者　石　井　英　真
　　　　　　　　　　　　　　熊本大学教育学部附属小学校
　　　　　　　　　発行者　藤　原　光　政
　　　　　　　　　発行所　明治図書出版株式会社
　　　　　　　　　　　　　http://www.meijitosho.co.jp
　　　　　　　　　　　　　（企画）木山麻衣子（校正）有海有理
　　　　　　　　　〒114-0023　東京都北区滝野川7-46-1
　　　　　　　　　振替00160-5-151318　電話03(5907)6702
　　　　　　　　　ご注文窓口　電話03(5907)6668
＊検印省略　　　　　　組版所 藤 原 印 刷 株 式 会 社

Printed in Japan　　　　　　　　ISBN978-4-18-293014-0
もれなくクーポンがもらえる！読者アンケートはこちらから

必見！ことばを大切にする「論理科」授業づくりの極意

「対話」で広がる子どもの学び
―授業で論理力を育てる試み―

内田伸子・鹿毛雅治・河野順子
熊本大学教育学部附属小学校 著

> 全教科で子どもたち同士の豊かな対話を保障する新教科「論理科」のカリキュラム。隣同士の2人の対話、4人グループの討論、教室全体の討論など、対話学習形態を組み込んだ学年別の実践例を豊富に提示し、子どもたちに真のことばの力をつける熊小の3年間の成果を紹介。

1,800円＋税

図書番号 0285
B5判／112頁

明治図書　携帯・スマートフォンからは **明治図書 ONLINE へ** 書籍の検索、注文ができます。　▶▶▶
http://www.meijitosho.co.jp　＊併記4桁の図書番号（英数字）でHP、携帯での検索・注文が簡単に行えます。
〒114-0023　東京都北区滝野川7-46-1　ご注文窓口　TEL 03-5907-6668　FAX 050-3156-2790